重訓入門^{完全手冊}
教學影片

重訓入門^{完全手冊}
教學影片

重訓入門 完全手冊
教學影片

≫ 居家、健身房皆適合

重訓入門 + 教學影片

完全手冊

140 種徒手與器械
訓練肌肉解剖圖解

132 支真人示範影片
掃碼就能學習

施威銘研究室 譯　　人郵體育解剖圖譜編寫組 編著

facebook：優質運動健身書

● FB 官方粉絲專頁：
優質運動健身書、旗標知識講堂

● 旗標「線上購買」專區：您不用出門就可選購旗標書！

● 如您對本書內容有不明瞭或建議改進之處，請連上
旗標網站，點選首頁的 聯絡我們 專區。

若需線上即時詢問問題，可點選旗標官方粉絲專
頁留言詢問，小編客服隨時待命，盡速回覆。

若是寄信聯絡旗標客服 email, 我們收到您的訊息
後，將由專業客服人員為您解答。

我們所提供的售後服務範圍僅限於書籍本身或內
容表達不清楚的地方，至於軟硬體的問題，請直接
連絡廠商。

學生團體　　訂購專線：(02)2396-3257 轉 362
　　　　　　傳真專線：(02)2321-2545

經銷商　　　服務專線：(02)2396-3257 轉 331
　　　　　　將派專人拜訪
　　　　　　傳真專線：(02)2321-2545

國家圖書館出版品預行編目資料

重訓入門＋教學影片 完全手冊 -140 種徒手與器械訓練肌肉
解剖圖解，132 支真人示範影片掃碼就能學習

人郵體育解剖圖譜編寫組 編著 ; 施威銘研究室 譯 . --

臺北市 : 旗標科技股份有限公司 , 2023.06　面 ;　公分

ISBN 978-986-312-751-2（平裝）

1.CST: 健身運動　2.CST: 運動訓練　3.CST: 肌肉

411.711　　　　　　　　　　　　　　　112005593

作　　者／人郵體育解剖圖譜編寫組

翻譯著作人／旗標科技股份有限公司

發行所／旗標科技股份有限公司

　　　　台北市杭州南路一段 15-1 號 19 樓

電　　話／ (02)2396-3257(代表號)

傳　　真／ (02)2321-2545

劃撥帳號／ 1332727-9

帳　　戶／旗標科技股份有限公司

監　　督／陳彥發

執行編輯／孫立德

美術編輯／陳慧如

封面設計／陳慧如

校　　對／施威銘研究室

新台幣售價:550 元

西元 2023 年 6 月初版

行政院新聞局核准登記 - 局版台業字第 4512 號

ISBN 978-986-312-751-2

示範影片使用說明

本書包括 132 支真人示範影片放在雲端供讀者學習，不允許下載、翻錄、散佈與公開播放。觀看示範影片有以下兩種方法：

1. 如果要在手機上觀看，掃描內文中的 QR-Code 會出現登入畫面，請輸入通關提示文字 (需搭配書籍)，即可觀看該支影片。在連線狀態下掃描不同 QR-Code 不需重覆登入。若經過較長時間後，則請再次登入。

2. 如果要在電腦上觀看，可連線到下面網址 (請注意英文字母大小寫)，並在登入畫面輸入通關提示文字，可看到全部 132 支影片的清單，點選就能播放。

https://www.flag.com.tw/bk/st/F3945

如果在 Windows 播放影片時有影音不同步的情況，應是 Windows 內建播放軟體的解碼問題，請另行安裝較新的播放軟體。小編是安裝 Media Player Classic – Home Cinema (MPC-HC) 這套自由軟體，下載網址：https://github.com/clsid2/mpc-hc/releases。

本書使用說明

動作名稱

每個動作的名稱。

動作過程

每個動作步驟的詳細解說，對照教練的示範照片瞭解細節。

鍛鍊目標

訓練到的身體部位。

使用器材

需要使用到運動器材。

級別

練習的難易程度分為三種級別：初級、中級與高級。

呼吸提示

練習時的建議呼吸方式。

益處

練習此動作對身體有什麼好處。

注意

練習前要注意哪些部位疼痛或有傷需避免。

藥球側向伐木

❶ 呈站姿，雙腳分開略比肩寬，雙手緊握藥球，手臂略微彎曲，將藥球置於腹部前方。

❷ 保持雙腳位置不變，向左側轉身，雙臂順勢向左上方推舉藥球至頭頂左側。

第4章

核心訓練

鍛鍊目標
● 核心
使用器材
● 藥球、瑜伽墊
級別
● 初級
呼吸提示 ◔
● 砸球時呼氣
益處
● 鍛鍊側腹核心旋轉
注意 ⚠
● 背部或肩部若感不適，暫不建議做此訓練

❸ 核心發力，向右側轉身，雙臂隨之向右下方砸藥球。重複完成指定的次數，對側亦然。

● 正確做法
核心收緊，軀幹挺直

● 避免
背部扭曲幅度過大

避免

練習過程應避免出現的動作。

正確做法

練習過程的正確動作。

動作圖片

呈現每個動作的步驟。

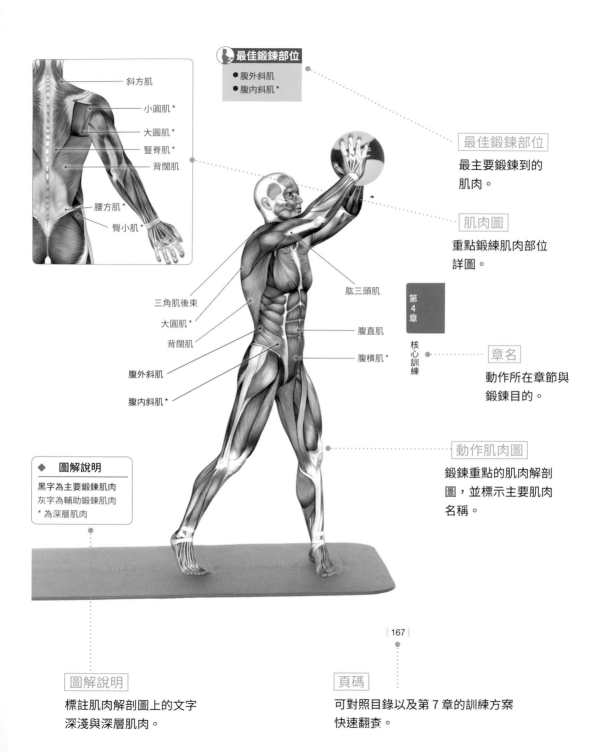

斜方肌

小圓肌 *

大圓肌 *

豎脊肌 *

背闊肌

腰方肌 *

臀小肌 *

最佳鍛鍊部位

● 腹外斜肌
● 腹內斜肌 *

三角肌後束

大圓肌 *

背闊肌

腹外斜肌

腹內斜肌 *

肱三頭肌

腹直肌

腹橫肌 *

第
4
章

核
心
訓
練

◆　圖解說明

黑字為主要鍛鍊肌肉
灰字為輔助鍛鍊肌肉
* 為深層肌肉

最佳鍛鍊部位

最主要鍛鍊到的
肌肉。

肌肉圖

重點鍛鍊肌肉部位
詳圖。

章名

動作所在章節與
鍛鍊目的。

動作肌肉圖

鍛鍊重點的肌肉解剖
圖，並標示主要肌肉
名稱。

167

圖解說明

標註肌肉解剖圖上的文字
深淺與深層肌肉。

頁碼

可對照目錄以及第 7 章的訓練方案
快速翻查。

上肢肌肉圖（正面）

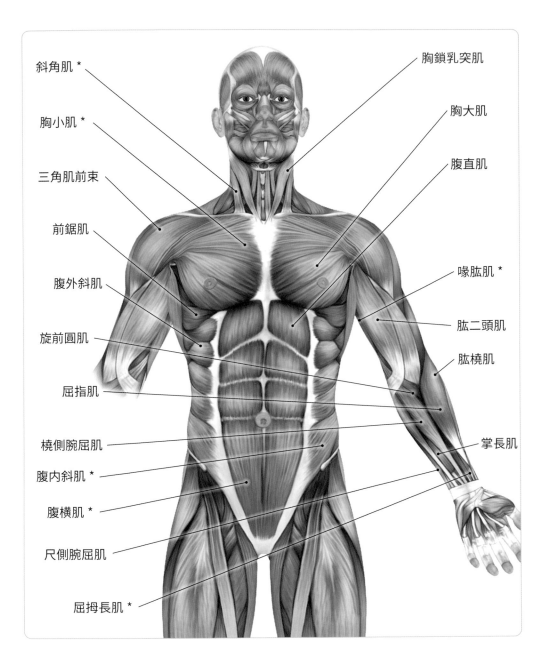

斜角肌 *

胸小肌 *

三角肌前束

前鋸肌

腹外斜肌

旋前圓肌

屈指肌

橈側腕屈肌

腹內斜肌 *

腹橫肌 *

尺側腕屈肌

屈拇長肌 *

胸鎖乳突肌

胸大肌

腹直肌

喙肱肌 *

肱二頭肌

肱橈肌

掌長肌

註：* 為深層肌肉。

上肢肌肉圖 (背面)

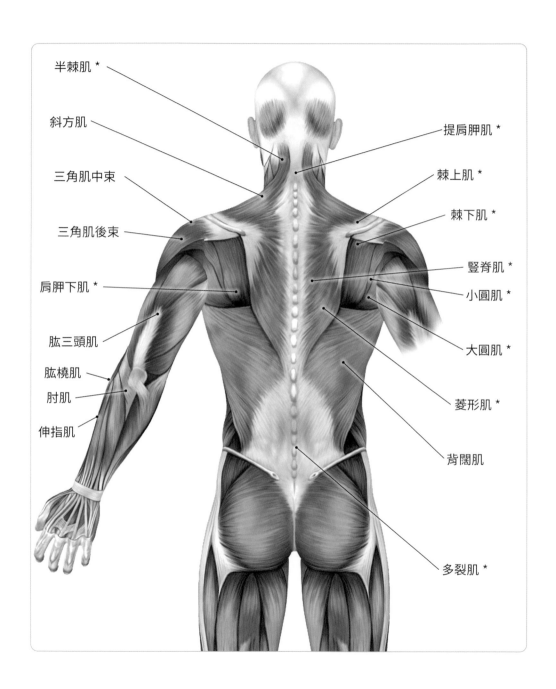

半棘肌 *

斜方肌

三角肌中束

三角肌後束

肩胛下肌 *

肱三頭肌

肱橈肌

肘肌

伸指肌

提肩胛肌 *

棘上肌 *

棘下肌 *

豎脊肌 *

小圓肌 *

大圓肌 *

菱形肌 *

背闊肌

多裂肌 *

下肢肌肉圖 (正面)

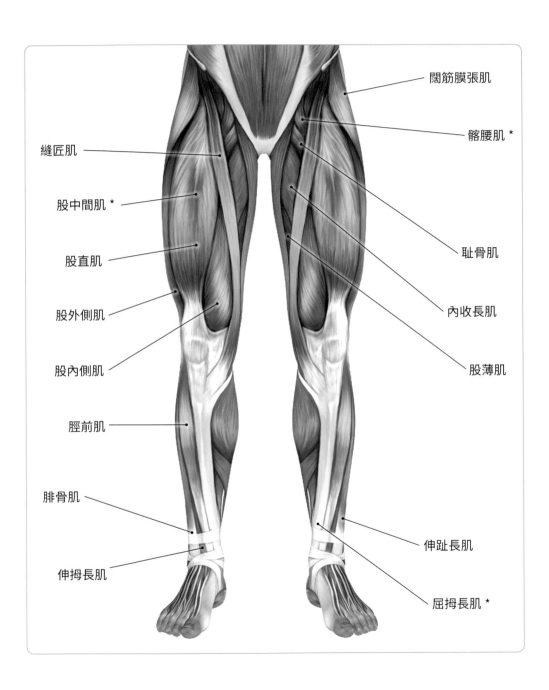

闊筋膜張肌

髂腰肌 *

縫匠肌

股中間肌 *

股直肌

恥骨肌

股外側肌

內收長肌

股內側肌

股薄肌

脛前肌

腓骨肌

伸趾長肌

伸拇長肌

屈拇長肌 *

下肢肌肉圖 (背面)

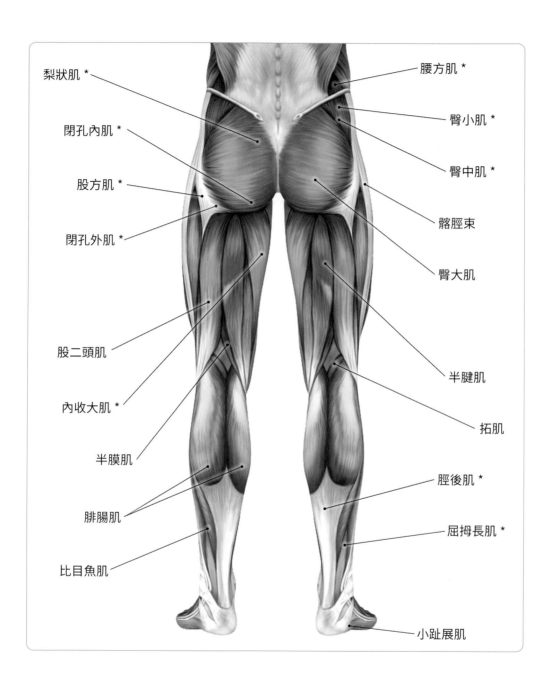

梨狀肌 *

閉孔內肌 *

股方肌 *

閉孔外肌 *

股二頭肌

內收大肌 *

半膜肌

腓腸肌

比目魚肌

腰方肌 *

臀小肌 *

臀中肌 *

髂脛束

臀大肌

半腱肌

拓肌

脛後肌 *

屈拇長肌 *

小趾展肌

目錄 CONTENTS

第 **3** 章 胸肩背訓練 85

第 4 章 核心訓練 141

第5章 下肢訓練 197

第 6 章 拉筋伸展訓練 251

第 7 章 訓練方案 319

01

CHAPTER ONE

第1章
基礎知識

重量訓練帶來改變

在健身越來越流行的今日，肌肉訓練已走入大眾的日常。如今走進健身房你會發現，重量訓練已經不再是男性專屬。無論是男性還是女性，他們都享受在健身房裡揮汗如雨；訓練的目的也不再被局限為增大肌肉維度，而是兼具提升肌力與耐力，最終塑造出優美、健康的形體。肌肉訓練被社會大眾認可和接受，正在改變我們的日常習慣。

◆ 帶來肌肉功能的改善，提升肌肉力量與耐力

重量訓練利用阻力訓練原理，使肌肉在對抗阻力的過程中充分受到刺激，從而造成肌肉纖維的細微損傷，然後在修復過程中發生肌肉重建。如果適量攝入蛋白質（肌肉的主要組成是蛋白質），會促進肌細胞的修復，最終使肌肉纖維體積增大，使肌肉質量得到提升。訓練還可以刺激神經肌肉系統，增加神經支配肌纖維的數量，在運動中調動（徵召）更多肌纖維產生收縮，從而增強肌肉力量。在負荷逐步增加的阻力訓練過程中，肌肉不斷適應更大的運動負荷，並不斷生長，其外觀、力量與耐力，都會隨之改變。

◆ 改變形體，起到健體作用

堅持肌肉訓練能帶給人外觀上的改變。長期堅持訓練可以提高身體肌肉質量，提升日常生活中身體消耗能量的水準（基礎代謝水準），同時訓練過程中還可以有效消耗能量，兩者相結合以達到更好的燃脂效果。因此體脂較多的人經過整體的

肌肉訓練，並搭配適當的飲食，可以有效降低身體脂肪含量。脂肪含量減少，肌肉質量增多，就能達到健體的目的。

◆ 增強身體各系統功能，提高健康水準

肌肉訓練過程中，我們身體的血液循環系統、呼吸系統、神經系統都會積極參與並相互配合

血液循環系統的改善

我們的身體在運動過程中，各器官對於氧氣、營養物質的需求量會大幅增加，因此血流量會增加，血流速度加快。這要求心臟擁有較好的泵血能力，血管有較好的承受能力。長期堅持運動，可以加強血液循環系統功能。

呼吸系統的改善

為了供給更多的氧氣，並及時排出體內

產生的二氧化碳，呼吸系統中的各器官會努力工作，呼吸肌積極參與運動，幫助吸入更多的氧氣，排出更多的二氧化碳，呼吸系統內各器官的功能也得到了增強。

神經系統的改善

大腦在運動中不用理會外界多種事物的紛擾，可以讓大腦心無旁騖，只專注於運動本身。同時，運動也會為大腦提供充足的氧氣，使腦部血液循環更順暢，工作效率更高。運動中，神經系統的調節功能也會得到加強，反應速度加快，從而使動作更加協調。

◆ 減緩肌肉、骨質的流失，並延緩衰老

隨著年齡的增加，人體的肌肉含量、骨骼中的鈣含量也在逐年減少，因而在跌倒後容易發生扭傷、骨折等狀況。而經過肌肉訓練，肌肉和鈣質的流失會減緩，並讓各系統處於活躍與更新狀態中，從而延緩身體的衰老。

◆ 帶來精神面貌的改變，令人精力充沛

長期伏案工作的人，容易因為缺乏運動鍛鍊而讓慢性疾病上身，如頸椎、腰椎疼痛，或者出現往前伸頸、圓肩等不良體態。這種亞健康狀態（介於健康與生病之間的灰色地帶）還會引起疲倦無力、失眠多夢、不能集中精力工作等一系列問題。

上述這些問題難以透過藥物治療得到根本上的改善，最好的方法就是運動。

在汗流浹背的肌肉訓練中，訓練者會暫時忘記工作與生活中的煩惱，讓精神得到放鬆，而且大腦分泌的多巴胺還能夠讓人產生興奮和愉悅感。

長期堅持運動者的精力比沒有運動習慣的人更加充沛，在生活與工作中也會更有活力。

瞭解運動平面與動作模式

◆ 運動的 3 個面

通常人體運動可以被描述為在 3 個平面上的運動，這 3 個相互垂直的平面穿過人體，在人體的重心處交叉，它們分別是額狀面、矢狀面和橫切面。

額狀面　　　　矢狀面　　　　橫切面

額狀面 (冠狀面)

額狀面將人體分成前、後兩半。在額狀面上的運動包括四肢內收和外展 (相對於軀幹)、脊柱側屈及足踝內翻和外翻等。

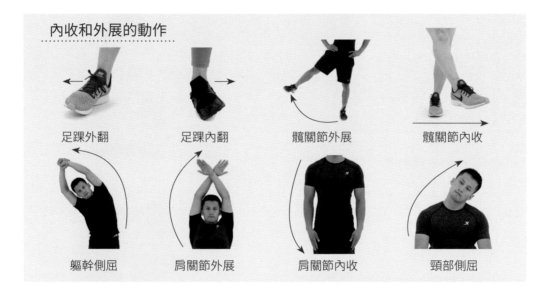

內收和外展的動作

足踝外翻　　　足踝內翻　　　髖關節外展　　　髖關節內收

軀幹側屈　　　肩關節外展　　　肩關節內收　　　頸部側屈

矢狀面

矢狀面將人體分為左、右兩半。在矢狀面上的運動包括四肢與軀幹屈曲和伸展等。

屈曲和伸展的動作

踝關節背屈　　　踝關節蹠屈　　　膝關節屈曲　　　膝關節伸展　　　髖關節屈曲：股骨圍繞骨盆轉動

髖關節屈曲：骨盆圍繞股骨轉動　髖關節伸展　脊柱屈曲　脊柱伸展　肘關節屈曲

肘關節伸展　肩關節屈曲　肩關節伸展　頸部屈曲　頸部伸展

橫切面（水平面）

橫切面將人體分成上、下兩半。橫切面運動包括四肢內旋和外旋，頭頸左、右旋轉，四肢水平外展和水平內收以及前臂旋前、旋後等。

旋轉的動作

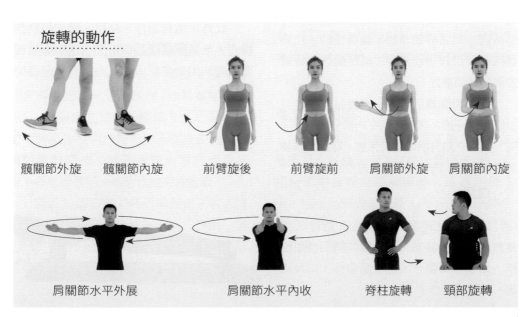

髖關節外旋　髖關節內旋　前臂旋後　前臂旋前　肩關節外旋　肩關節內旋

肩關節水平外展　肩關節水平內收　脊柱旋轉　頸部旋轉

訓中其他需要注意的事項

◆ 熱身與緩和

任何運動都離不開訓練前的熱身與訓練後的緩和。熱身可以使肌肉脫離僵硬、靜止的狀態，使體溫升高、肌肉彈性得到提升。熱身還可以使血液流動加快，讓養分到達身體各處的速度加快，使肌肉更好地進入運動狀態，而不會因為僵硬而發生拉傷或痙攣。運動後的緩和，則是為了使肌肉更快恢復，並把運動中產生的乳酸等代謝廢物快速排出，減輕疲勞感與肌肉痠痛感。運動後的肌肉經常還保持著運動時的收縮緊張狀態，在運動後通過拉伸可以使肌纖維變得舒展且有彈性，有助於肌肉恢復。

◆ 動作的順序

想要提升訓練效果，合理安排動作順序很重要。動作順序不同，人體消耗的能量也不同。每次訓練時，最好先做能量消耗最大的動作，也就是需要徵召大肌肉群的動作（因為剛開始訓練時，身體狀態較好，可以在保障安全的前提下高品質地完成難度較高的動作），然後再做針對小肌肉群的、耗能低的動作。也就是說，針對大肌肉群的動作與針對小肌肉群的動作要結合進行，先練大肌肉群，再練小肌肉群。

還有一種效率更高的訓練方法，總體上也遵循了"先練大肌肉群，再練小肌肉群"的順序。例如，同樣是矢狀面的練習動作，先練推類的動作，累了之後再練拉類的動作，這樣可以使疲勞的推類肌肉得到調整，又不干擾"拉"類動作需要徵召的肌肉。

◆ 有目的的訓練

很多人的健身目標都是練出一身好看的肌肉或增加肌肉力量等。無論是什麼目的，都要遵循科學的訓練原則，有計劃、針對性地進行訓練。比如，想增加肌肉量，讓肌肉更加粗壯有型，可以進行大負重、低反覆次數的阻力訓練；想減脂，則要在進行肌力訓練後，增加一些有氧運動；想對某一部位進行加強，可對該部位增加訓練的頻率，或增加訓練內容等。

◆ 訓練節奏

節奏對肌肉訓練十分重要。肢體動作在大部分情況下都可分為 3 個階段：向心收縮、等長收縮和離心收縮。比如，臥推動作中，向上推舉的階段是向心收縮，到動作頂點的停頓階段是等長收縮，然後將槓鈴緩慢放下的階段是離心收縮。

一個動作的完整過程，在時間上是有節奏性的。比如臥推，下放過程慢一些，用 4 秒，下放後立即上推，停頓時間為 0 秒，上推過程用 1 秒，到動作頂點停頓 2 秒，那麼這個動作的節奏就是 4-0-1-2。通常來說，大部分動作講究快起慢放，把握好動作的節奏，可以更好地刺激肌肉，使訓練效果更明顯。

重訓與飲食

　　訓練與飲食對健身來說是兩個不可缺少的因素，二者相輔相成。搭配合理的飲食，會使肌肉訓練進行得更順利，讓肌肉成長的效果更明顯。

◆ 主要攝取成分

水

　　肌肉中水的含量在 70% 左右，進行肌肉訓練，補充水分是必不可少的，攝入足夠的水分，才能使肌肉保持飽滿。如果在脫水狀況下訓練，因脫水而來的疲憊感會耗費你更多的精力，訓練效益打折。需要注意的是，除了喝水補充水分之外，還有其他管道補充水分，比如水果、蔬菜、奶類中都有水分。人體每公斤體重每天可消耗 30 毫升水，按照這樣標準來計算，體重為 60 公斤的人，每天需要 1800 毫升。

蛋白質

　　肌肉的主要成分是蛋白質，因此肌肉訓練的過程中需要補充足量的蛋白質。根據中華民國《國人膳食營養素參考攝取量及其說明 第八版)》的建議，國民膳食蛋白質參考攝入量，成年男性每天攝入量為 70 克，成年女性則是 60 克。

　　另外，根據個人體重的不同，建議的蛋白質攝入量會有差異。體重較高的人，需要攝入更多的蛋白質。如果是需要進行肌肉訓練的健身愛好者，每天對蛋白質的需求量會提升至建議攝入量的兩倍左右。富含蛋白質的食物有很多，植物性蛋白質主要來自豆類，如黃豆、扁豆、豌豆等；動物性蛋白質來源則如雞蛋、魚類、奶類、瘦肉等。

脂肪

這裡所說的脂肪，主要是指來自堅果、魚類、牛油果、橄欖油等食物中的優質脂肪。對健身人士來說，攝入一定量的脂肪比完全不攝入脂肪更好，因為適當的脂肪攝入能促進激素分泌，具有促進增肌的效果，對於男性尤為重要。不過脂肪的熱量比較高，約為 9 大卡／克，因此其攝入量要控制在合理的範圍內（成人每天攝入的脂肪量應控制在 70 克左右，其中直接來自食用油的脂肪量應控制在 25 克以內）。

碳水化合物（醣類）

碳水化合物是人體能量的主要來源，在體內被分解為葡萄糖。如果吃得太多的話，其所轉化的過量葡萄糖會合成脂肪存留在體內，這是變胖的原因之一。因此對於進行肌肉訓練的人來說，碳水化合物攝入量的控制尤為重要。我們的日常飲食中，碳水化合物主要來自穀類（如：米飯、麵食），因此在選擇主食時，最好選擇碳水化合物含量低一些的穀類，比如全麥食品、未過度加工的燕麥等。這類食品保有

很多膳食纖維，這樣既能控制碳水化合物的攝入量，又能滿足其他營養需求。

除了長時間的運動（如馬拉松）需要專門補充之外，肌肉訓練者不用特別補充碳水化合物，日常飲食中的攝入量即可滿足需要。

膳食纖維

膳食纖維既不能被人體吸收，也不產生熱量，而且吃下去後會產生飽腹感，對需要控制體脂、體重的人非常重要。膳食纖維有可溶性與不溶性的，含有可溶性膳食纖維的食物有蒟蒻（魔芋）、果膠、藻膠等，含有較多不溶性膳食纖維的食物有全麥類食物、大部分蔬菜與水果等。

◆ 其他飲食注意事項

合理的用餐安排

除了特別需要增加體重的運動（比如相撲），大部分運動都不提倡一次吃得太多，而是講究少量多餐。這樣既能及時補充身體所需的養分，又不會有多餘的熱量，從而避免產生多餘的脂肪。

自己準備健康餐點

台灣外食文化盛行，商家為了讓食物美味，因此大多重油重鹹，且一餐的營養含量也可能不均，尤其是對攝取食物成分要求比較高的健身族群來說更是困擾，因此許多認真的健身者會自行在家準備營養健康的健身餐，讀者可上網搜尋「健身餐食譜」找到作法。

不同健身目的的飲食重點

人們進行肌肉訓練通常是抱著一定的目的，要麼是增肌，要麼是減脂，或者是為了讓肌肉結實一些，身體曲線更好看。根據不同的訓練目的，在飲食上也要有所調整：想增重的人，可適當增加熱量攝入（500 大卡左右）；想減重則減少熱量攝入（500 大卡左右）；想增肌則可多補充一些蛋白質的攝取量。

02

CHAPTER TWO

第2章
上肢訓練

槓鈴划船

示範影片

❶ 槓鈴上架，身體直立，挺胸收腹，目視前方，雙腳分開與肩同寬，雙手扶槓鈴。

❷ 保持背部挺直，上身前傾，雙手距離與肩同寬握緊槓鈴，膝關節微彎。

● **正確做法**

始終保持軀幹挺直
雙臂向核心提拉

● **避免**

膝關節鎖死
膝關節內扣

❸ 保持上身穩定，雙臂向核心提拉槓鈴至肘關節超過背部。回復至起始姿勢，並重複完成指定的次數。

鍛鍊目標
- 背部
- 手臂
- 肩部

使用器材
- 史密斯架

級別
- 初級

呼吸提示
- 手臂上拉時呼氣，還原時吸氣

益處
- 增強肩部、背部和雙臂力量

注意 ⚠
- 背部若有不適，暫不建議做此訓練

☀ 小提示

全程保持核心收緊，背部挺直。

◆ **圖解說明**

黑字為主要鍛鍊肌肉
灰字為輔助鍛鍊肌肉
* 為深層肌肉

 **最佳鍛鍊部位**

- 三角肌後束
- 斜方肌
- 菱形肌 *
- 背闊肌
- 肱橈肌

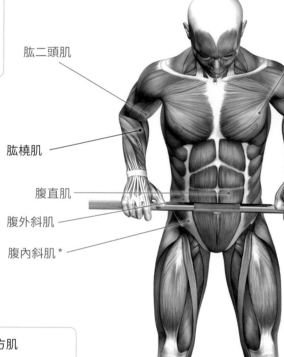

胸大肌

肱二頭肌

肱橈肌

腹直肌

腹外斜肌

腹內斜肌 *

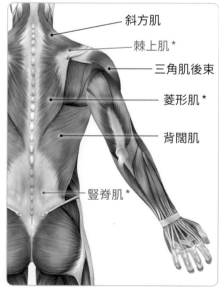

斜方肌

棘上肌 *

三角肌後束

菱形肌 *

背闊肌

豎脊肌 *

彈力帶雙臂側平舉

示範影片

① 站姿，雙腳前後分開站立。雙手握緊彈力帶兩端，前腳踩住彈力帶中間位置，並保持彈力帶繃直。

② 雙臂保持伸直，緩慢向兩側抬起。

鍛鍊目標
- 肩部

使用器材
- 彈力帶

級別
- 初級

呼吸提示
- 手臂下降時吸氣，上抬時呼氣

益處
- 強化三角肌
- 增強肩部力量

注意 ⚠
- 肩部若有不適，暫不建議做此訓練

- **避免**

雙臂側平舉高度超過肩部
肩部上聳
雙臂上抬速度過快

- **正確做法**

動作放緩，核心收緊
身體挺直，目視前方

③ 雙臂向兩側上抬至側平舉姿勢，將彈力帶拉起至雙手與肩部齊平。回復至起始姿勢，重複完成指定的次數。

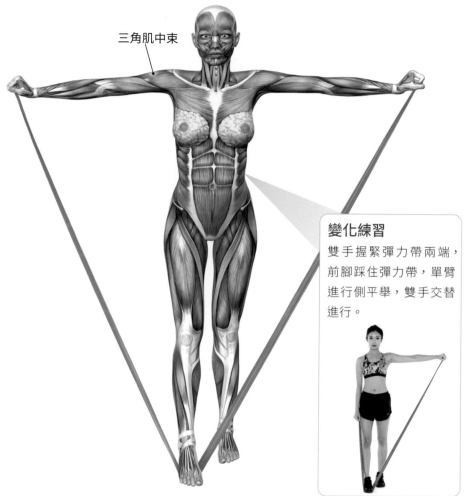

三角肌中束

變化練習

雙手握緊彈力帶兩端，
前腳踩住彈力帶，單臂
進行側平舉，雙手交替
進行。

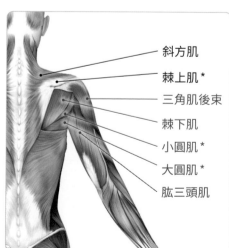

斜方肌

棘上肌 *

三角肌後束

棘下肌

小圓肌 *

大圓肌 *

肱三頭肌

最佳鍛鍊部位

- 斜方肌
- 三角肌中束
- 棘上肌 *

◆ 圖解說明

黑字為主要鍛鍊肌肉

灰字為輔助鍛鍊肌肉

* 為深層肌肉

前側平舉

示範影片

❶ 站姿，雙腳間距與肩同寬，雙手握啞鈴並自然垂放身體兩側，目視前方。

❷ 左臂向前平舉啞鈴，右臂向右側平舉啞鈴，雙手將啞鈴舉至與肩齊平。

● 避免

雙臂動作不同步
啞鈴位置高於肩部
雙肩上聳

● 正確做法

雙臂保持伸直
保持背部挺直

鍛鍊目標
● 肩部
使用器材
● 啞鈴
級別
● 中級
呼吸提示
● 手臂下降時吸氣，上抬時呼氣
益處
● 提高雙肩力量
● 增強肩關節穩定性
注意 ⚠
● 肩部若有不適，暫不建議做此訓練

❸ 恢復至起始姿勢。

❹ 換右臂向前平舉啞鈴，左臂向左側平舉啞鈴，雙手將啞鈴舉至與肩齊平。

❺ 動作完成後回復至起始姿勢，重複完成指定的次數。

◆ **圖解說明**

黑字為主要鍛錬肌肉
灰字為輔助鍛錬肌肉
* 為深層肌群

最佳鍛錬部位

- 三角肌前束
- 三角肌中束

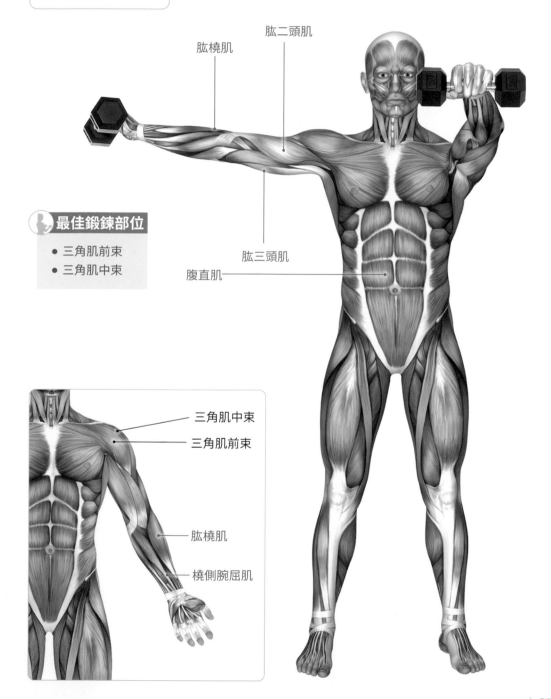

肱橈肌

肱二頭肌

肱三頭肌

腹直肌

三角肌中束

三角肌前束

肱橈肌

橈側腕屈肌

雙臂前平舉

❶ 站姿，雙手握啞鈴自然垂放於身前，雙腳間距與肩同寬。

❷ 雙臂同時向前向上平舉啞鈴。

- 避免

雙肩上聳

利用身體擺動借力

- 正確做法

保持背部挺直

肘關節可略微彎曲

鍛鍊目標

- 肩部

使用器材

- 啞鈴

級別

- 中級

呼吸提示

- 抬臂時呼氣，下放時吸氣

益處

- 提提高雙肩力量
- 增強肩關節穩定性

注意 ⚠

- 肩部若有不適，暫不建議做此訓練

❸ 雙臂向前平舉啞鈴至與地面平行，保持動作至指定的時間。

❹ 緩緩回復至起始姿勢，重複完成定的次數。

肱二頭肌

◆ **圖解說明**

黑字為主要鍛鍊肌肉
灰字為輔助鍛鍊肌肉
* 為深層肌肉

肱三頭肌

最佳鍛鍊部位

● 三角肌前束

胸大肌

前鋸肌

腹直肌

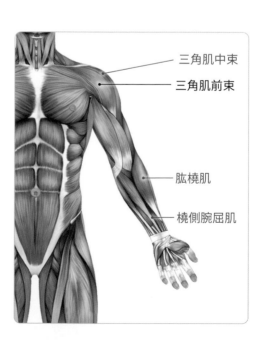

三角肌中束

三角肌前束

肱橈肌

橈側腕屈肌

雙臂彎舉

示範影片

❶ 站姿，雙腳與肩同寬，踩住彈力帶。雙手分別握緊彈力帶兩端，雙臂自然下垂，保持彈力帶繃直。

❷ 保持身體姿勢不變，掌心朝上，雙臂屈肘向上彎舉。

● 避免

彎舉速度過快
肘部向外張開

鍛鍊目標
● 手臂
使用器材
● 彈力帶
級別
● 初級
呼吸提示
● 彎舉時呼氣，回復時吸氣
益處
● 增強雙臂力量
注意 ⚠
● 肘關節若感不適，暫不建議做此訓練

● 正確做法

保持身體穩定
核心收緊
上臂保持不動

❸ 彎舉彈力帶至屈肘最大程度，雙手基本位於肩部位置。回復至起始姿勢，重複完成指定的次數。

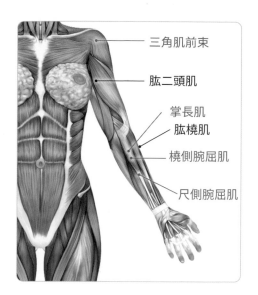

三角肌前束

肱二頭肌

掌長肌
肱橈肌

橈側腕屈肌

尺側腕屈肌

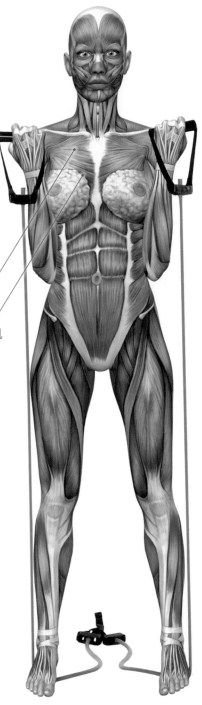

胸小肌

胸大肌

最佳鍛鍊部位

- 肱二頭肌
- 肱橈肌

◆ 圖解說明

黑字為主要鍛鍊肌肉
灰字為輔助鍛鍊肌肉
* 為深層肌肉

☀ 小提示

彎舉過程中,脊柱保持中立狀態,專注於
感受肱二頭肌收縮。也可以改用啞鈴。

第 2 章　上肢訓練

雙臂反向彎舉

❶ 由站立姿勢開始，雙腳與肩同寬並踩住彈力帶。雙手分別握緊彈力帶兩端，雙臂自然下垂，保持彈力帶繃直，掌心向後。

● 避免

彎舉速度過快
肘部向兩側張開

● 正確做法

下放時緩緩伸展手臂
上臂保持不動
核心收緊

❷ 保持身體姿勢不變，兩側前臂掌心朝前向上彎舉彈力帶。

鍛鍊目標
● 手臂
使用器材
● 彈力帶
級別
● 初級
呼吸提示
● 彎舉時呼氣，回復時吸氣
益處
● 增強手臂力量
注意
● 肘關節若感不適，暫不建議做此訓練

❸ 向上彎舉至肘關節能彎曲的最大程度。回復至起始姿勢，重複完成指定的次數。

◆ **圖解說明**

黑字為主要鍛鍊肌肉
灰字為輔助鍛鍊肌肉
* 為深層肌肉

最佳鍛鍊部位

- 肱二頭肌
- 肱橈肌

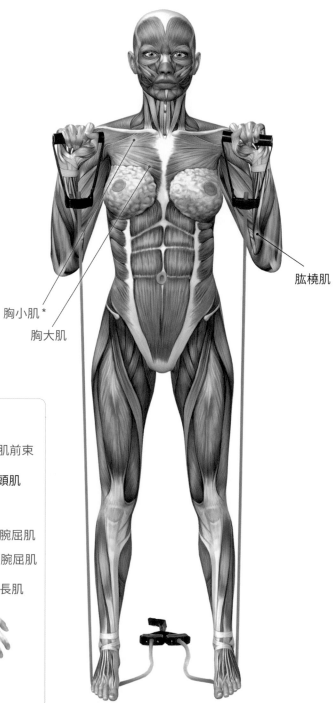

肱橈肌

胸小肌 *

胸大肌

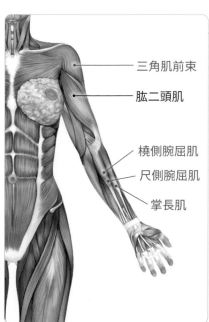

三角肌前束

肱二頭肌

橈側腕屈肌

尺側腕屈肌

掌長肌

雙臂錘式彎舉

示範影片

❶ 由站立姿勢開始，雙手握住啞鈴自然垂放身體兩側，掌心朝內。

❷ 雙臂同時彎舉，啞鈴垂直上舉，保持掌心相對。

鍛鍊目標
- 手臂

使用器材
- 啞鈴

級別
- 初級

呼吸提示
- 肘關節彎曲時呼氣，回復時吸氣

益處
- 強化手臂力量

注意 ⚠
- 肘關節感不適，暫不建議做此訓練

- 避免

彎舉速度過快
肘部向兩側張開

- 正確做法

核心收緊
上臂保持不動

❸ 雙臂向上彎舉至前臂與地面垂直。

❹ 回復至起始姿勢，重複完成指定的次數。

提肩胛肌 *

肱三頭肌

背闊肌

肱二頭肌

最佳鍛鍊部位

● 肱二頭肌

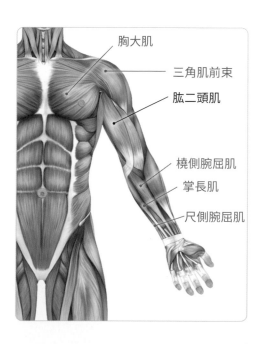

胸大肌

三角肌前束

肱二頭肌

橈側腕屈肌

掌長肌

尺側腕屈肌

啞鈴雙臂反向彎舉

示範影片

❶ 由站立姿勢開始，雙手握啞鈴自然垂放於身前，掌心向後。

❷ 雙臂向上彎舉，掌心朝下。

> ● 避免
>
> 雙肩上聳
> 彎腰弓背

> ● 正確做法
>
> 背部挺直，核心收緊
> 掌心保持朝下
> 雙肩放鬆

❸ 雙臂彎舉至前臂與地面垂直，掌心朝前。

❹ 回復至起始姿勢，重複完成指定的次數。

鍛鍊目標
● 手臂
使用器材
● 啞鈴
級別
● 初級
呼吸提示
● 彎舉時呼氣，回復時吸氣
益處
● 強化肱二頭肌
注意 ⚠
● 肘關節若感不適，暫不建議做此訓練

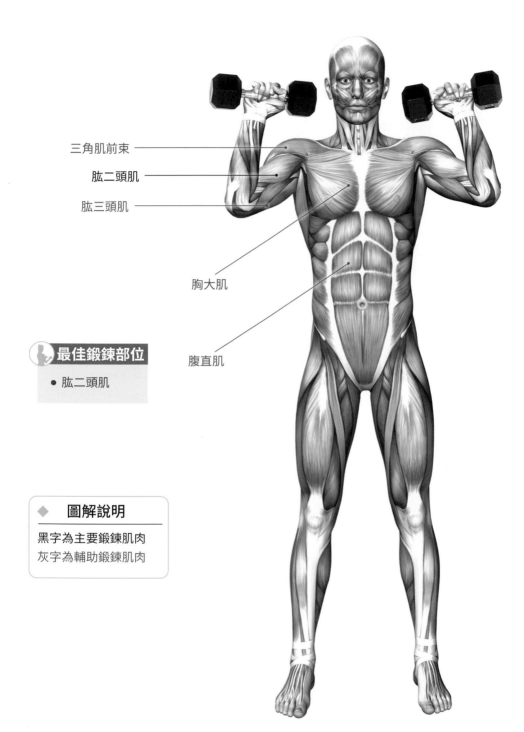

三角肌前束

肱二頭肌

肱三頭肌

胸大肌

腹直肌

最佳鍛鍊部位

- 肱二頭肌

◆ **圖解說明**

黑字為主要鍛鍊肌肉
灰字為輔助鍛鍊肌肉

集中彎舉

❶ 坐於訓練椅上，單手握啞鈴，肘關節支撐在大腿內側以固定位置。

❷ 手臂屈肘向上彎舉。

● 正確做法	● 避免
保持上臂固定不動 手臂發力	手臂靠擺動身體借力 雙腿移動位置

❸ 肘關節盡可能彎曲，感受手臂肌肉收縮。重複完成指定的次數。

鍛鍊目標
● 手臂
使用器材
● 啞鈴、訓練椅
級別
● 初級
呼吸提示
● 彎舉時呼氣，回復時吸氣
益處
● 增強手臂力量
注意 ⚠
● 肘關節若感不適，暫不建議做此訓練

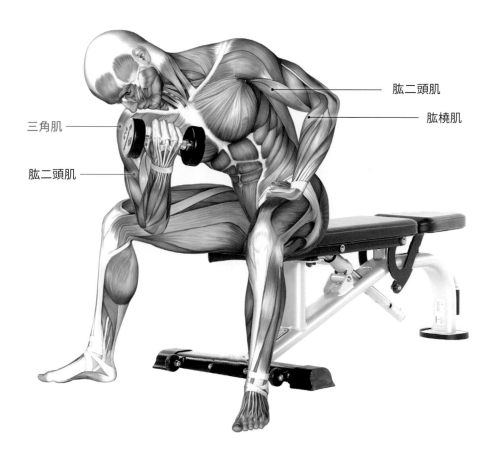

肱二頭肌

肱橈肌

三角肌

肱二頭肌

第2章

上肢訓練

最佳鍛鍊部位

- 肱二頭肌
- 肱橈肌

◆　圖解說明

黑字為主要鍛鍊肌肉
灰字為輔助鍛鍊肌肉

坐姿肩推

示範影片

❶ 坐姿，上身挺直，背部緊靠椅背，雙腳分開撐地，手握肩推機的把手，雙腳間距大於肩寬，手腕打直，掌心朝內。

❷ 肩部和手臂肌肉發力，向上推起把手。

❸ 肘關節略彎，雙臂向上推起把手至最高點，稍作停頓，雙臂緩緩放下，回復至起始姿勢，重複完成指定的次數。

鍛鍊目標
- 肩部
- 手臂

使用器材
- 坐式肩上推舉機

級別
- 初級

呼吸提示　◐
- 手臂上推時呼氣，還原時吸氣

益處
- 增強肩部力量
- 增加肩部穩定性

注意　⚠
- 若肩部感到不適，暫不建議做此訓練

● **正確做法**
後背和臀部緊貼靠墊
手臂和背部發力

● **避免**
肘關節完全伸直
弓背

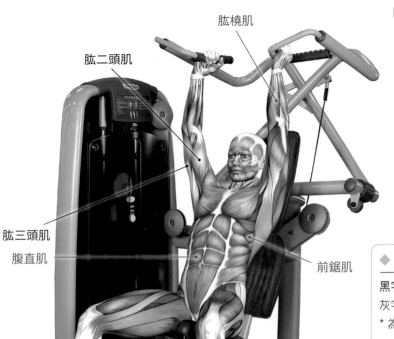

肱橈肌

肱二頭肌

肱三頭肌

腹直肌

前鋸肌

最佳鍛鍊部位

- 三角肌
- 肱三頭肌
- 肱二頭肌
- 斜方肌
- 大圓肌 *

◆ 圖解說明

黑字為主要鍛鍊肌肉
灰字為輔助鍛鍊肌肉
* 為深層肌肉

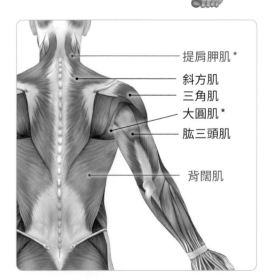

提肩胛肌 *
斜方肌
三角肌
大圓肌 *
肱三頭肌

背闊肌

變化練習

坐於肩推機上,雙手握緊
把手,掌心朝前,雙臂發
力上推。

雙槓撐體

❶ 雙臂屈肘呈90度角,雙手握把保持身體挺直,腳尖點地。

❸ 緩緩回復至起始姿勢,重複完成指定的次數。

● 避免

背部彎曲
用腿部跳起
身體下降超過肩部負荷

❷ 雙臂發力,向上撐起至手臂完全伸直,雙腳離地,並保持身體挺直。

鍛鍊目標
● 手臂
● 肩部

使用器材
● 多功能訓練架

級別
● 中級

呼吸提示
● 手臂撐起時呼氣,還原時吸氣

益處
● 增強肩部穩定性
● 強化手臂力量

注意 ⚠
● 肩部若感不適,暫不建議做此訓練

● 正確做法

身體呈一條直線
保持平衡穩定

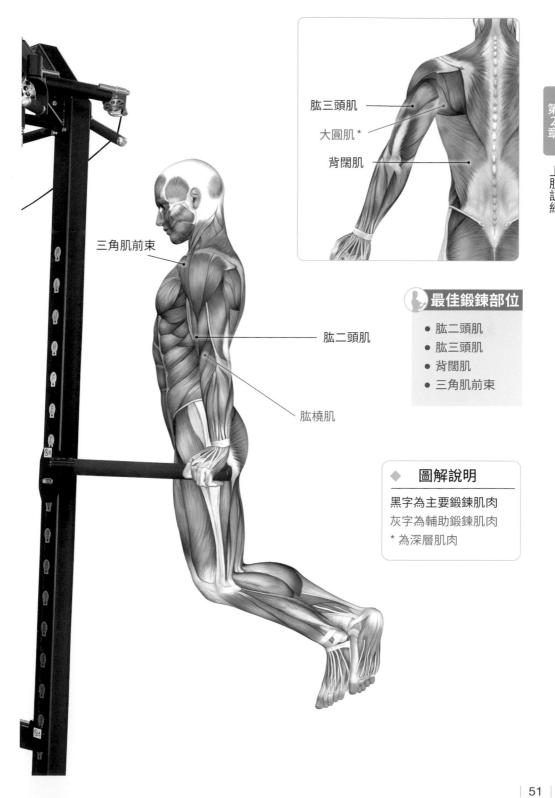

肱三頭肌

大圓肌 *

背闊肌

三角肌前束

肱二頭肌

肱橈肌

最佳鍛鍊部位

- 肱二頭肌
- 肱三頭肌
- 背闊肌
- 三角肌前束

◆ 圖解說明

黑字為主要鍛鍊肌肉
灰字為輔助鍛鍊肌肉
* 為深層肌肉

抗力球肱三頭肌伸展

示範影片

❶ 仰臥於抗力球上,上背部、中背部緊貼球面,同時屈膝使大腿和小腿呈90度角,軀幹、大腿與地面平行,雙手直握啞鈴置於胸部正上方,掌心相對,雙臂伸直。

● 正確做法

身體穩定,背部挺直
核心收緊

● 避免

背部彎曲,腰部下塌
重心不穩,身體晃動

❷ 保持身體姿勢,雙臂同時屈肘呈90度角。

鍛鍊目標
● 手臂

使用器材
● 啞鈴、抗力球

級別
● 中級

呼吸提示
● 手臂伸直時呼氣,
  屈肘時吸氣

益處
● 增加核心穩定性
● 提高上肢力量

注意
● 肩部或背部若有不
  適,則不推薦做此
  項訓練

❸ 雙臂緩緩回復至起始姿勢,重複完成指定的次數。

肘肌

股直肌

腹直肌

肱三頭肌

臀大肌

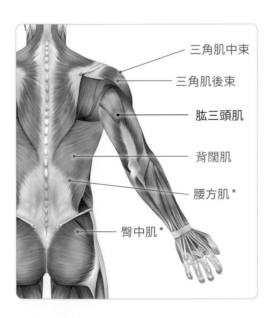

三角肌中束

三角肌後束

肱三頭肌

背闊肌

腰方肌 *

臀中肌 *

最佳鍛鍊部位

• 肱三頭肌

◆　圖解說明

黑字為主要鍛鍊肌肉
灰字為輔助鍛鍊肌肉
* 為深層肌肉

椅子撐體

示範影片

❶ 身體位於訓練椅前方呈坐姿，雙腿屈膝呈90度角，大腿與地面平行。雙臂伸直，雙手撐於身後椅子上，同時雙手分別握緊彈力帶兩端，使彈力帶經身體後側繞過頸部，保持彈力帶繃直。

鍛鍊目標
- 手臂
- 肩部

使用器材
- 彈力帶、椅子

級別
- 初級

呼吸提示
- 身體下降時吸氣，上升時呼氣

益處
- 增強雙臂力量和肩部穩定性

注意 ⚠
- 肩部或腕部若有不適，暫不建議做此訓練

● **避免**

雙肩上聳
雙腳移動位置
臀部上推

● **正確做法**

背部挺直
核心收緊

❷ 雙臂屈肘至上臂與前臂呈90度角，同時身體下蹲至大腿與地面呈45度角。回復至起始姿勢，重複完成指定的次數。

最佳鍛錬部位

- 肱三頭肌
- 三角肌前束
- 胸小肌
- 胸大肌
- 喙肱肌 *

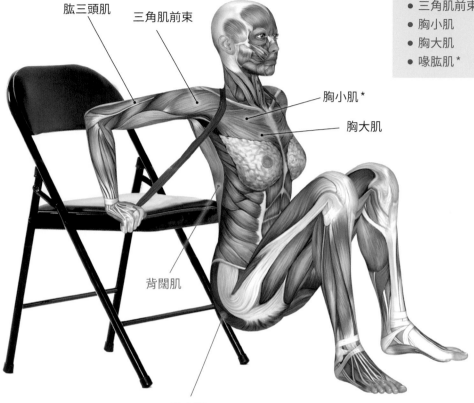

肱三頭肌

三角肌前束

胸小肌 *

胸大肌

背闊肌

臀大肌

三角肌前束

喙肱肌 *

肱三頭肌

腹直肌

腹內斜肌 *

圖解說明

黑字為主要鍛錬肌肉
灰字為輔助鍛錬肌肉
* 為深層肌肉

小提示

練習過程中要避免借助雙腳的力量向上
推動身體，應該要用雙臂主動發力。

肱三頭肌過頭屈伸

示範影片

❶由站立姿勢開始，一側腳踩住彈力帶一端，雙臂向上抬起並向後彎曲，雙手從腦後緊握住彈力帶另一端，保持彈力帶繃直但不拉伸。

❷保持身體姿勢不變，雙臂向上拉伸彈力帶。

● 避免

身體後仰
拉伸時背部彎曲
拉伸速度過快

鍛鍊目標
● 手臂
使用器材
● 彈力帶
級別
● 初級
呼吸提示
● 手臂伸直時呼氣，回復時吸氣
益處
● 強化手臂後側
● 增加肩部穩定性
注意 ⚠
● 肩部有不適，暫不建議做此訓練

● 正確做法

上臂保持不動
核心收緊

❸拉伸彈力帶至雙臂完全伸直。在控制下回復至起始姿勢，重複完成指定的次數。

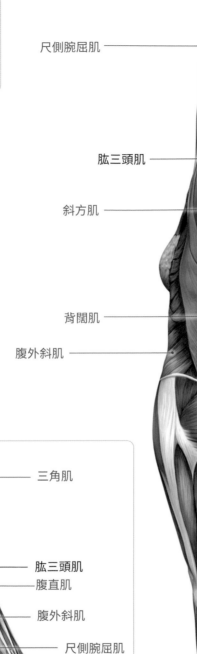

◆ 圖解說明

黑字為主要鍛鍊肌肉
灰字為輔助鍛鍊肌肉
* 為深層肌肉

🏋 最佳鍛鍊部位

● 肱三頭肌

尺側腕屈肌

肱三頭肌

斜方肌

三角肌

背闊肌

腹外斜肌

豎脊肌 *

三角肌

肱三頭肌
腹直肌

腹外斜肌

尺側腕屈肌

滑輪肱三頭肌下拉

示範影片

❶ 由站姿開始，面向器械站立。雙腿微屈，挺胸收腹，上身略微前傾。雙臂屈肘，手握把手，掌心向下。

❷ 上臂夾緊身體兩側，腕關節放鬆，雙臂緩緩下壓把手。

鍛鍊目標
• 手臂

使用器材
• 滑輪機

級別
• 初級

呼吸提示 ◑
• 肘關節伸展時呼氣，還原時吸氣

益處
• 強化肱三頭肌

注意 ⚠
• 雙臂若感不適，暫不建議做此訓練

- 避免

背部彎曲
雙肩上聳

- 正確做法

保持軀幹挺直且收緊
上臂始終夾緊身體

❸ 雙臂下壓握把至完全伸直，稍作停頓，回復至起始姿勢，重複完成指定的次數。

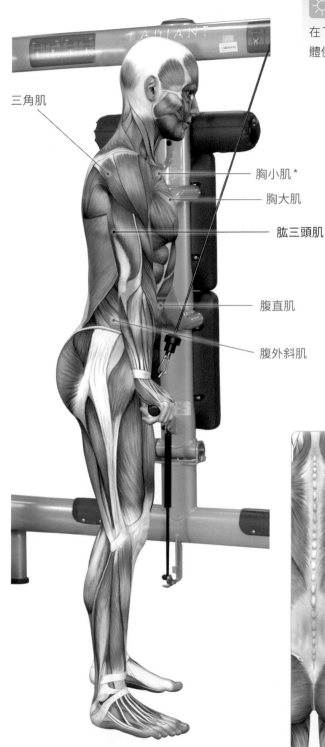

三角肌

胸小肌 *

胸大肌

肱三頭肌

腹直肌

腹外斜肌

59

☀ **小提示**

在下拉的過程中，上臂始終固定在
體側不動，僅前臂進行屈肘運動。

◆ **圖解說明**

黑字為主要鍛鍊肌肉
灰字為輔助鍛鍊肌肉
* 為深層肌肉

最佳鍛鍊部位

• 肱三頭肌

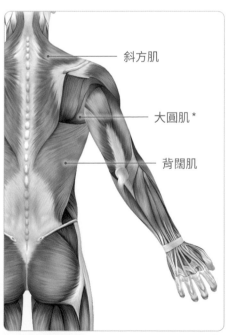

斜方肌

大圓肌 *

背闊肌

肩部畫圈

示範影片

❶ 由站立姿勢開始，雙腳與肩同寬，雙臂自然垂落體側。

❷ 緩緩向上轉動肩膀，保持雙臂伸直。

- 避免

身體擺動

- 正確做法

感受肩部靈活轉動

❸ 雙肩繼續向前轉動

鍛鍊目標

- 肩部

使用器材

- 徒手

級別

- 初級

呼吸提示

- 全程均勻呼吸

益處

- 增加肩關節的活動範圍

注意 ⚠

- 肩部若感不適，暫不建議做此訓練

❹ 肩膀繼續向後轉動。

❺ 雙肩回到起始位置，重複完成指定的次數。

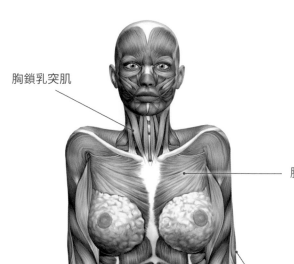

胸鎖乳突肌

胸小肌 *

最佳鍛鍊部位

● 斜方肌
● 提肩胛肌 *
● 大圓肌 *

肱三頭肌

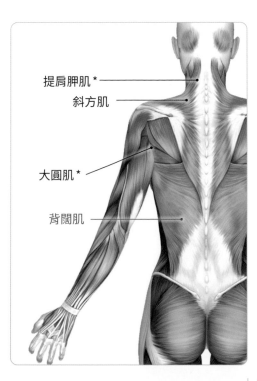

提肩胛肌 *

斜方肌

大圓肌 *

背闊肌

肩外旋

示範影片

- **避免**

上身不穩，雙腿移動
肩部上聳

- **正確做法**

肘部貼近身體
核心收緊

❶由站立姿勢開始，一側手臂向內彎曲至肘關節呈90度角並緊握彈力帶一端，另一端固定在體側等高的其他物體上，對側手臂自然垂放身側。

❷保持身體姿勢不變，前臂向外旋轉，拉伸彈力帶。

❸將彈力帶一端拉伸至體側，保持1~2秒。有控制地回復至起始姿勢，重複完成指定的次數，對側亦然。

鍛鍊目標

- 肩部

使用器材

- 彈力帶

級別

- 初級

呼吸提示

- 外旋時呼氣，回復時吸氣

益處

- 提高肩部穩定性

注意 ⚠️

- 肘部若感不適，暫不建議做此訓練

◆　圖解說明

黑字為主要鍛鍊肌肉
灰字為輔助鍛鍊肌肉
* 為深層肌肉

胸小肌 *

喙肱肌

胸大肌

肱二頭肌

 最佳鍛鍊部位

- 三角肌後束
- 棘下肌 *
- 小圓肌 *

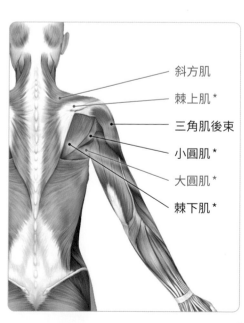

斜方肌

棘上肌 *

三角肌後束

小圓肌 *

大圓肌 *

棘下肌 *

63

聳肩

示範影片

❶由站立姿勢開始,雙手握啞鈴,自然垂放身體兩側,掌心相對。

- 避免

肩部前後移動

- 正確做法

保持背部平直

鍛鍊目標
- 背部
- 肩部

使用器材
- 啞鈴

級別
- 初級

呼吸提示
- 聳肩時呼氣,下放時吸氣

益處
- 增加斜方肌力量

注意 ⚠
- 肩部若感不適,暫不建議做此訓練

❷保持身體姿勢,雙肩同時往耳朵方向上聳。回復至起始姿勢,重複完成指定的次數。

◆　圖解說明

黑字為主要鍛鍊肌肉
灰字為輔助鍛鍊肌肉
* 為深層肌肉

最佳鍛鍊部位

- 斜方肌
- 頭夾肌 *
- 提肩胛肌 *

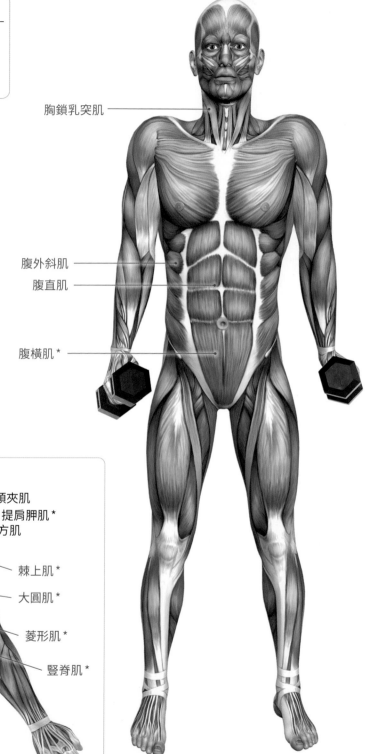

胸鎖乳突肌

腹外斜肌

腹直肌

腹橫肌 *

頭夾肌

提肩胛肌 *

斜方肌

棘上肌 *

大圓肌 *

菱形肌 *

豎脊肌 *

彈力帶肩推

示範影片

❶ 由站立姿勢開始，雙腳分開，踩住彈力帶中間位置。雙手握住彈力帶兩端，彎舉至肩部位置。

避免

身體擺動，肩部上聳

❷ 保持身體姿勢正直，雙臂向上拉伸彈力帶。

鍛鍊目標
- 肩部
- 背部
- 手臂

使用器材
- 彈力帶

級別
- 初級

呼吸提示
- 手臂下降時吸氣，上抬時呼氣

益處
- 增強肩部穩定性
- 提高雙臂力量

注意 ⚠️
- 肩部若感不適，暫不建議做此訓練

正確做法

雙臂同時向上推舉
核心收緊

❸ 拉伸彈力帶至手臂完全伸展。有控制地回復至起始姿勢，重複完成指定的次數。

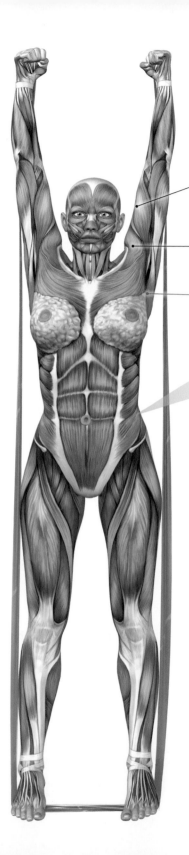

肱二頭肌

三角肌

前鋸肌

變化練習

雙手握彈力帶，彎舉至肩部位置，雙臂交替向上拉伸至手臂伸直。

最佳鍛鍊部位

- 斜方肌
- 三角肌
- 肱二頭肌
- 肱三頭肌

◆　圖解說明

黑字為主要鍛鍊肌肉
灰字為輔助鍛鍊肌肉
* 為深層肌肉

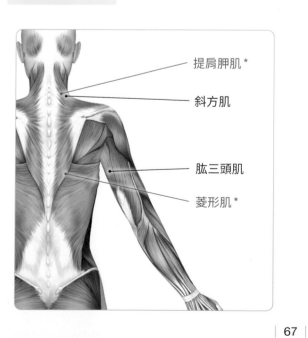

提肩胛肌 *

斜方肌

肱三頭肌

菱形肌 *

反向平板

❶ 身體呈坐姿，雙腿向前伸直貼於地面，雙腳併攏，腳尖前伸。雙手撐於體後，手指朝向身體。

鍛錬目標
● 肩部
● 腿部

使用器材
● 瑜伽墊

級別
● 初級

呼吸提示
● 全程均勻呼吸

益處
● 增強肩部穩定性

注意 ⚠
● 肩部若有不適，暫不建議做此訓練

❷ 髖部向上抬起，最大程度地使踝、膝、髖、軀幹與肩部在一條直線上。

● 避免

頭部後仰

雙臂肘關節彎曲

● 正確做法

保持肩部位於雙手上方，腳尖繃直

❸ 緩緩回復至起始姿勢，重複完成指定的次數。

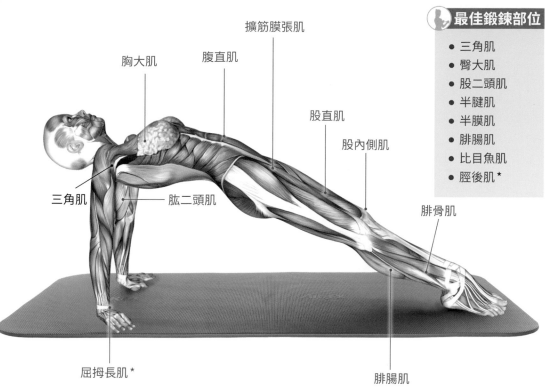

擴筋膜張肌

胸大肌　腹直肌

股直肌

股內側肌

三角肌

肱二頭肌

腓骨肌

屈拇長肌＊

腓腸肌

最佳鍛鍊部位

- 三角肌
- 臀大肌
- 股二頭肌
- 半腱肌
- 半膜肌
- 腓腸肌
- 比目魚肌
- 脛後肌＊

◆ **圖解說明**

黑字為主要鍛鍊肌肉
灰字為輔助鍛鍊肌肉
＊ 為深層肌肉

☼ **小提示**

髖部上抬，保持臀部收緊，身體呈一
條直線。

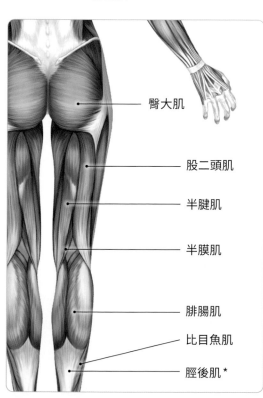

臀大肌

股二頭肌

半腱肌

半膜肌

腓腸肌

比目魚肌

脛後肌＊

肩胛骨運動

示範影片

❶ 由站立姿勢開始,雙臂向上彎曲,雙手分別緊握彈力帶一端,使彈力帶從背部的肩胛骨處繞過,保持彈力帶繃直但不拉伸。

● 避免

腰部彎曲
眼睛朝下看

● 正確做法

核心收緊
下背部挺直
胸部出力

鍛鍊目標
● 肩部
使用器材
● 彈力帶
級別
● 初級
呼吸提示 ◑
● 全程均勻呼吸
益處
● 增強肩部的靈活性
注意 ⚠
● 肩部若感不適,暫不建議做此訓練

❷ 保持身體姿勢不變,雙臂向內拉伸彈力帶,帶動肩胛骨擴張。回復至起始姿勢,重複完成指定的次數。

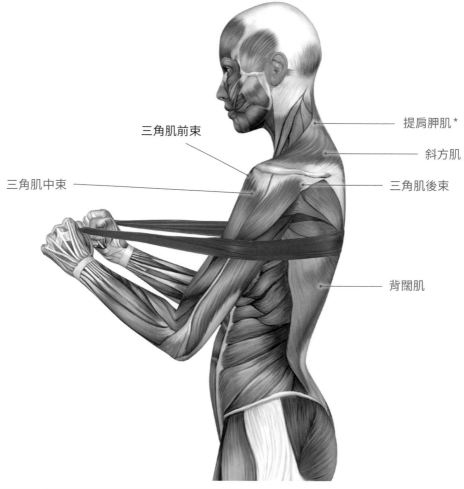

三角肌前束

提肩胛肌 *

斜方肌

三角肌中束

三角肌後束

背闊肌

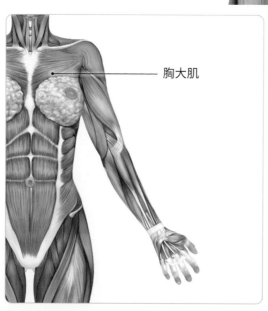

胸大肌

最佳鍛鍊部位

- 三角肌前束
- 胸大肌

◆　圖解說明

黑字為主要鍛鍊肌肉
灰字為輔助鍛鍊肌肉
* 為深層肌肉

滑輪下拉

示範影片

❶ 坐在拉背機上,調整負重,雙腳踏穩地面,背部挺直。雙臂伸直,手握握把,雙手間距寬於肩。

❷ 保持身體挺直,挺胸,肩胛骨下沉,雙臂屈肘下拉握把。

鍛鍊目標
- 手臂
- 背部
- 肩部

使用器材
- 高拉力背肌練習器

級別
- 初級

呼吸提示
- 雙臂下拉時呼氣,還原時吸氣

益處
- 強化雙臂力量
- 鍛鍊背部肌肉

注意
- 肩部或背部若感不適,暫不建議做此訓練

- **避免**

  上下擺動身體借力
  上半身過度後仰

- **正確做法**

  軀幹保持直立
  雙臂同時出力

❸ 雙臂下拉握把至手臂屈肘呈90度角。回復至起始姿勢,重複完成指定的次數。

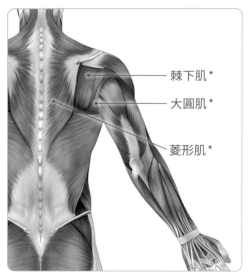

棘下肌 *

大圓肌 *

菱形肌 *

☀ 小提示

雙臂下拉至鎖骨位置即可，不要過度下拉，以免徒增肩關節壓力。

◆ 圖解說明

黑字為主要鍛鍊肌肉
灰字為輔助鍛鍊肌肉
* 為深層肌肉

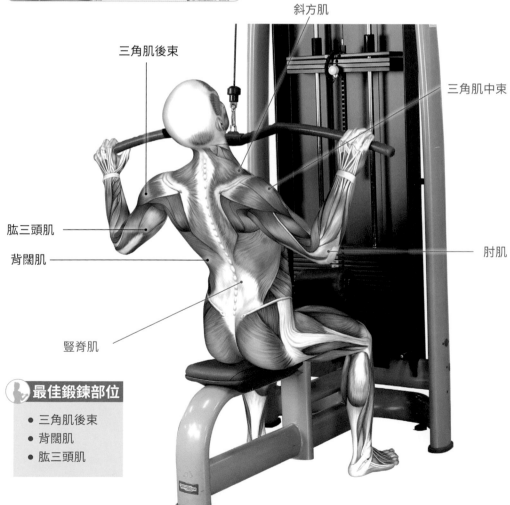

斜方肌

三角肌後束

三角肌中束

肱三頭肌

肘肌

背闊肌

豎脊肌

最佳鍛鍊部位

- 三角肌後束
- 背闊肌
- 肱三頭肌

啞鈴飛鳥

示範影片

❶ 調整訓練椅為上斜30~45度，坐在訓練椅上，身體仰臥。雙臂握啞鈴，手臂伸直，垂直於地面。

● 避免

下巴前伸，頭部離開椅背
肘部過度彎曲

❷ 雙臂向兩側打開如飛鳥展翅，至上臂與地面平行。

鍛鍊目標
● 胸部
● 手臂

使用器材
● 啞鈴、訓練椅

級別
● 初級

呼吸提示
● 手臂展開時呼氣，回復時吸氣

益處
● 增加胸部力量
● 增加雙臂力量

注意 ⚠️
● 肩部若感不適，暫不建議做此訓練

❸ 回復至起始姿勢，重複完成指定的次數。

● 正確做法

確保雙臂的肘部位於同一水平面
確保脊柱與肩部位置始終不變

最佳鍛鍊部位

- 胸大肌
- 喙肱肌 *
- 三角肌前束
- 肱二頭肌

◆ 圖解說明

黑字為主要鍛鍊肌肉
灰字為輔助鍛鍊肌肉
* 為深層肌肉

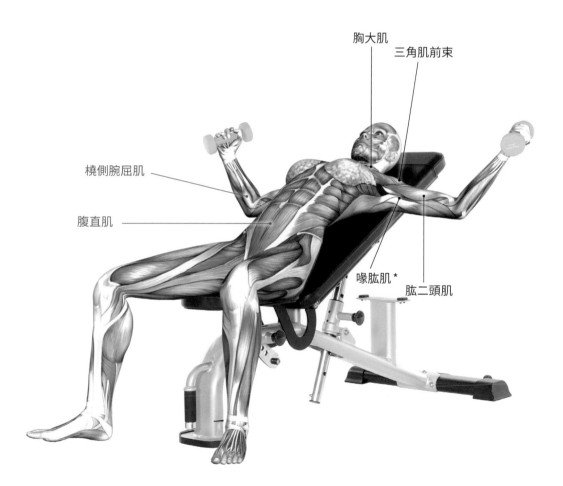

胸大肌

三角肌前束

橈側腕屈肌

腹直肌

喙肱肌 *

肱二頭肌

啞鈴斜板側平舉

示範影片

❶ 將訓練椅調整為上斜30~45度，胸部和核心緊貼訓練椅靠背，雙手握住啞鈴自然下垂，掌心相對。

❷ 雙臂同時側平舉，至手臂與地面平行。

❸ 回復至起始姿勢，重複完成指定的次數。

鍛鍊目標
- 肩部

使用器材
- 啞鈴、訓練椅

級別
- 初級

呼吸提示
- 抬臂時呼氣，回復時吸氣

益處
- 增強肩部穩定性
- 提高雙臂力量

注意 ⚠
- 肩頸部或背部若感不適，暫不建議做此訓練

- 避免

抬高頸部

身體下滑

- 正確做法

始終保持動作穩定

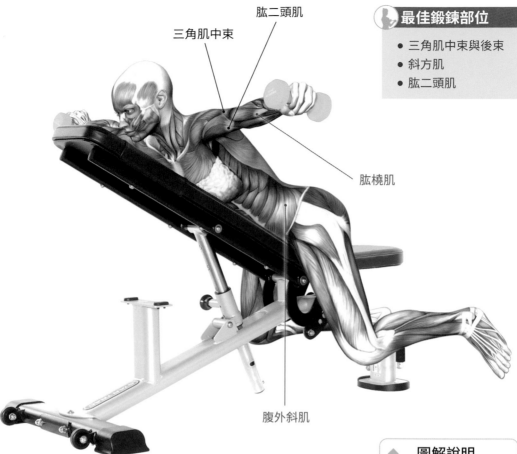

三角肌中束
肱二頭肌
肱橈肌
腹外斜肌

最佳鍛鍊部位

- 三角肌中束與後束
- 斜方肌
- 肱二頭肌

◆ 圖解說明

黑字為主要鍛鍊肌肉
灰字為輔助鍛鍊肌肉
* 為深層肌肉

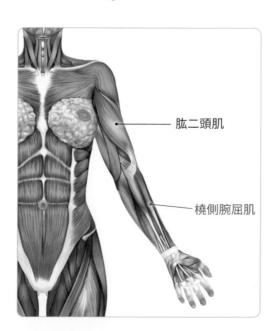

肱二頭肌

橈側腕屈肌

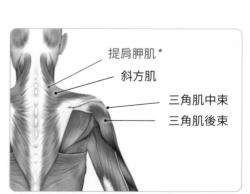

提肩胛肌 *
斜方肌
三角肌中束
三角肌後束

| 77 |

抗力球側平舉

示範影片

❶ 俯臥於抗力球上，胸腹部貼球，雙手握住啞鈴放在抗力球兩側，雙腳以腳尖支撐。

❷ 保持身體平衡，雙臂同時側平舉，至手臂與地面平行。

鍛鍊目標
- 肩部
- 背部
- 手臂

使用器材
- 啞鈴、抗力球、瑜伽墊

級別
- 中級

呼吸提示
- 手臂外展時呼氣，還原時吸氣

益處
- 增強肩背部力量
- 提高核心穩定性

注意 ⚠
- 肩部或背部若感不適，暫不建議做此訓練

- **避免**

頸部與下巴夾緊
身體重心不穩

- **正確做法**

軀幹保持挺直，手臂伸直
核心收緊

❸ 回復至起始姿勢，重複完成指定的次數。

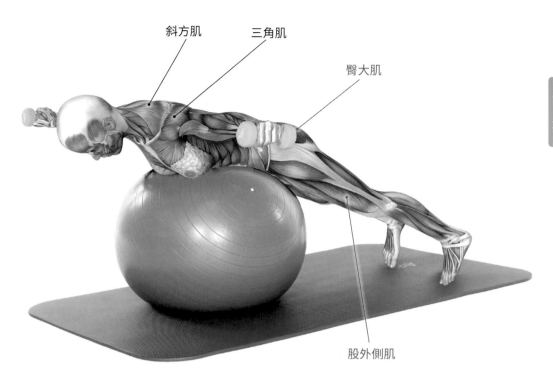

斜方肌　　三角肌

臀大肌

股外側肌

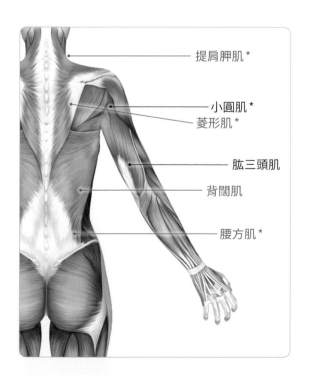

提肩胛肌 *

小圓肌 *
菱形肌 *

肱三頭肌

背闊肌

腰方肌 *

◆ **圖解說明**

黑字為主要鍛鍊肌肉
灰字為輔助鍛鍊肌肉
* 為深層肌肉

最佳鍛鍊部位

- 三角肌
- 斜方肌
- 肱三頭肌
- 小圓肌 *

平板支撐轉體

示範影片

❶ 一開始採俯臥姿，雙腿分開，腳尖撐地，雙臂屈肘撐於肩部正下方。背部挺直，核心收緊。

❷ 以左臂撐地，身體側轉，右臂伸直向上與左上臂呈一條直線，目視右手方向。保持姿勢至指定時間。

❸ 緩緩回復至起始的俯臥姿。

❹ 右臂撐地，保持身體穩定，身體向另一側旋轉，以同樣的動作維持指定的時間。

避免

髖部下塌
身體彎曲

正確做法

雙腿伸直撐地
背部挺直，核心收緊

鍛鍊目標
- 核心肌群
- 手臂

使用器材
- 瑜伽墊

級別
- 中級

呼吸提示
- 全程均勻呼吸

益處
- 提高身體和肩部穩定性

注意 ⚠
- 肩部若感不適，暫不建議做此訓練

☼ 小提示

轉體時，保持手指向上，目視指尖
方向。

◆ 圖解說明

黑字為主要鍛鍊肌肉
灰字為輔助鍛鍊肌肉
* 為深層肌肉

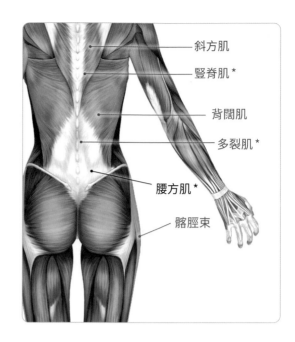

斜方肌
豎脊肌 *
背闊肌
多裂肌 *
腰方肌 *
髂脛束

👤 最佳鍛鍊部位

- 腹直肌
- 腹外斜肌
- 腹內斜肌 *
- 腹橫肌 *
- 腰方肌 *
- 三角肌
- 肱二頭肌

腹外斜肌
擴筋膜張肌
腹橫肌 *
腹直肌
掌長肌
肱二頭肌
縫匠肌
三角肌
股薄肌　縫匠肌　恥骨肌　腹內斜肌 *

伏地挺身屈膝

示範影片

❶ 雙腳置於抗力球上，雙手撐地呈伏地挺身姿勢，雙手位於肩部正下方，保持身體從頭到腳呈一條直線。

❷ 屈肘，下沉至胸部幾乎碰到地面，上臂與軀幹的夾角約為45度。

鍛鍊目標
- 核心
- 肩部
- 手臂

使用器材
- 抗力球

級別
- 高級

呼吸提示
- 身體下降時吸氣，上生時呼氣；屈膝時呼氣，伸膝時吸氣

益處
- 提高核心穩定性
- 提高雙臂力量

注意 ⚠
- 腰背部若感不適，暫不建議做此訓練

- 避免

雙肩上提或下塌
弓背

- 正確做法

雙手位於肩部正下方
背部保持平直，核心收緊

❸ 雙臂撐起，保持身體穩定，雙腿屈膝至大腿與地面垂直。回復至起始姿勢，重複完成指定的次數。

◆ 圖解說明

黑字為主要鍛鍊肌肉
灰字為輔助鍛鍊肌肉
* 為深層肌肉

最佳鍛鍊部位

- 肱二頭肌
- 腹直肌
- 腹外斜肌
- 腹內斜肌 *
- 胸大肌
- 肱三頭肌
- 三角肌
- 縫匠肌

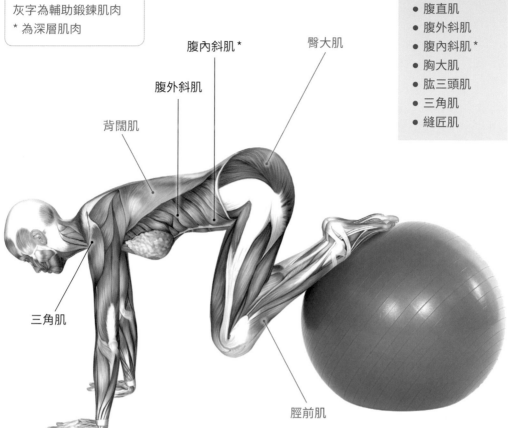

腹內斜肌 *
臀大肌
腹外斜肌
背闊肌
三角肌
脛前肌

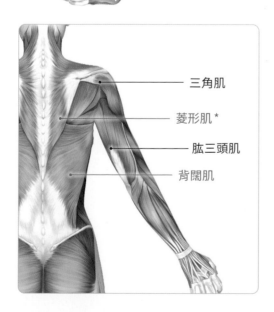

三角肌
菱形肌 *
肱三頭肌
背闊肌

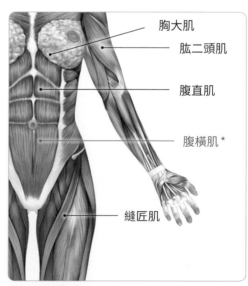

胸大肌
肱二頭肌
腹直肌
腹橫肌 *
縫匠肌

03

CHAPTER THREE

第3章
胸肩背訓練

槓鈴臥推

示範影片

❶ 仰臥於臥推架的椅子上，雙腿屈膝撐地。雙手掌心握住槓鈴，雙手間距比肩稍寬。

❷ 保持手腕打直，肩胛骨收緊，雙臂屈肘至大約90度，讓槓鈴下降至胸部上方。

● 避免

手腕彎曲使得壓力過大
下背向上抬起

● 正確做法

手腕打直，肩胛骨收緊
臥推軌跡在胸部正上方

❸ 接著，向上推舉槓鈴至雙臂接近伸直（勿鎖死），感受胸大肌的收縮。回復至起始姿勢，重複完成指定的次數。

鍛鍊目標
● 手臂
● 胸部

使用器材
● 臥推架

級別
● 初級

呼吸提示
● 手臂推起時呼氣，
  還原時吸氣

益處
● 增加胸部力量
● 增強雙臂穩定性

注意 ⚠
● 手腕或肩部若感不
  適，暫不建議做此
  訓練

肱二頭肌

腹直肌

肱三頭肌

最佳鍛鍊部位

- 胸大肌
- 三角肌前束
- 胸小肌 *

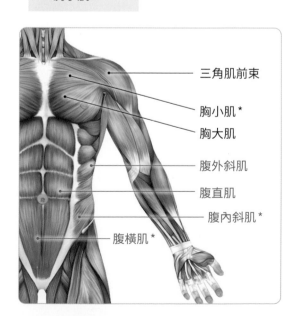

三角肌前束

胸小肌 *

胸大肌

腹外斜肌

腹直肌

腹內斜肌 *

腹橫肌 *

◆　圖解說明

黑字為主要鍛鍊肌肉
灰字為輔助鍛鍊肌肉
* 為深層肌肉

小提示

雙手的握距窄則肱三頭肌的參與較多，
握距寬則胸肌的參與較多。

滑輪夾胸

示範影片

❶ 身體呈站姿，雙腳前後站立。將器械把手設置為與胸部同高，雙手持握把手。

❷ 雙手掌心朝下，維持身體正直，伸展肘部，雙臂前推。

● 避免

身體扭動，雙肩上聳

● 正確做法

保持手肘高度，向前平推
保持核心收緊

❸ 雙臂向前平推至伸直，雙手位於胸部前方。回復至起始姿勢，重複完成指定的次數。

鍛鍊目標
● 胸部
● 肩部

使用器材
● 滑輪架

級別
● 中級

呼吸提示
● 手臂前推時呼氣，還原時吸氣

益處
● 強化胸部肌肉
● 增強肩部力量

注意 ⚠
● 肩部若感不適，暫不建議做此訓練

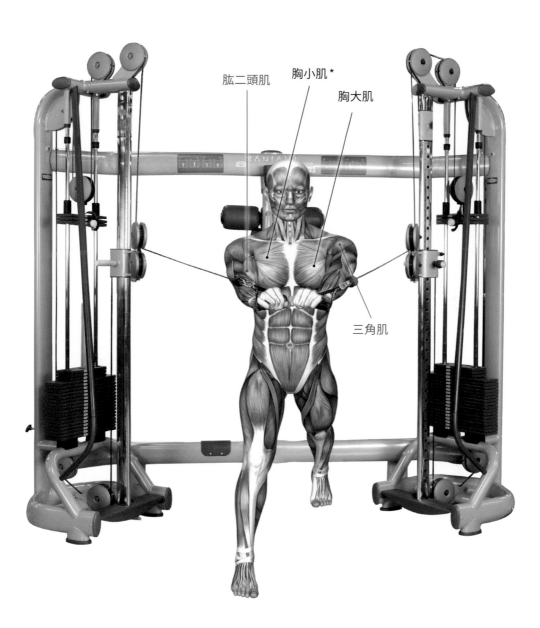

肱二頭肌　　胸小肌＊

胸大肌

三角肌

◆　圖解說明

黑字為主要鍛鍊肌肉
灰字為輔助鍛鍊肌肉
＊ 為深層肌肉

最佳鍛鍊部位

● 胸大肌
● 胸小肌＊

啞鈴上斜推舉

示範影片

❶ 調整訓練椅至上斜30~45度，身體仰臥於訓練椅上，雙手握住啞鈴，雙臂屈肘，啞鈴位於肩部上方。

● 避免

頭部上抬

背部過度伸展

❷ 雙臂同時上舉，至肘關節完全伸展，雙臂伸直勿鎖死，掌心向前。

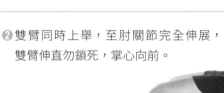

鍛鍊目標
● 胸部
● 肩部

使用器材
● 啞鈴、訓練椅

級別
● 初級

呼吸提示
● 手臂下降時吸氣，上升時呼氣

益處
● 增強雙臂與胸部的力量
● 提高肩部穩定性

注意 ⚠
● 肩部若有不適，暫不建議做此訓練

❸ 雙臂屈肘回復至起始姿勢，重複完成指定的次數。

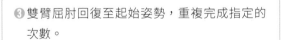

● 正確做法

頭部始終緊貼椅背

背部平直，核心收緊

最佳鍛鍊部位

- 三角肌
- 胸大肌

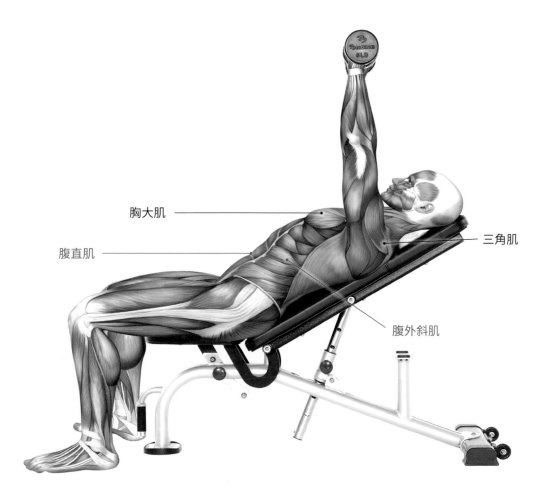

◆ **圖解說明**

黑字為主要鍛鍊肌肉
灰字為輔助鍛鍊肌肉
＊為深層肌肉

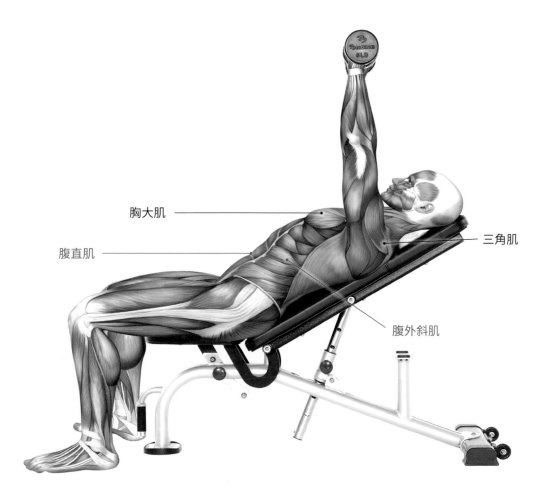

胸大肌

腹直肌

三角肌

腹外斜肌

胸前交替水平推

❶ 由站立姿勢開始，雙手置於胸前並分別緊握彈力帶一端，使彈力帶從背部繞過，保持彈力帶繃直但不拉伸。

❷ 保持姿勢不變，左手向前推彈力帶至手臂完全伸直。

❸ 左臂回到起始姿勢。

避免

身體前傾
肩部上聳

正確做法

上身挺直
核心收緊
雙臂水平前推

鍛鍊目標
- 胸部
- 手臂
- 肩部

使用器材
- 彈力帶

級別
- 初級

呼吸提示
- 推出時呼氣，還原時吸氣

益處
- 增強肩關節穩定性
- 增強胸部力量

注意 ⚠
- 肩關節若感不適，暫不建議做此訓練

❹ 換右手前推彈力帶，至右臂完全伸直。

❺ 回復至起始姿勢，雙臂交替進行。重複完成指定的次數。

◆ **圖解說明**

黑字為主要鍛鍊肌肉
灰字為輔助鍛鍊肌肉
＊ 為深層肌肉

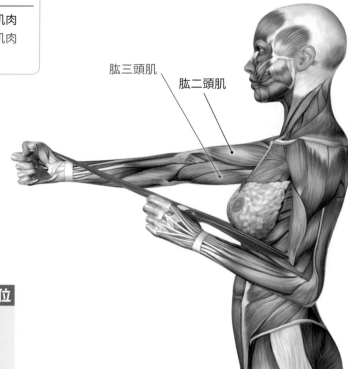

肱三頭肌

肱二頭肌

最佳鍛鍊部位

- 胸大肌
- 胸小肌＊
- 三角肌前束
- 肱二頭肌

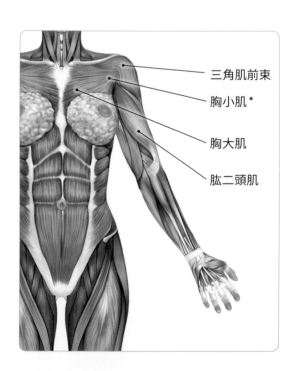

三角肌前束

胸小肌＊

胸大肌

肱二頭肌

坐姿上斜胸推

示範影片

❶ 坐於胸推機上，頭與後背緊貼椅背，雙手握把掌心朝內。

❷ 維持身體姿勢不變，胸部與手臂發力，雙臂向上推起。

鍛鍊目標
- 胸部
- 手臂
- 肩部

使用器材
- 坐式上斜胸推機

級別
- 初級

呼吸提示
- 手臂推起時呼氣，還原時吸氣

益處
- 增強胸部肌肉
- 增強肩部穩定性

注意 ⚠
- 肩部若感不適，暫不建議做此訓練

- **避免**

頭與上身前傾
雙臂完全伸直

- **正確做法**

核心緊收
頭、後背與臀部緊貼靠墊，手臂與胸部出力

❸ 雙臂向上推起至頂端，肘關節不要鎖死，保持肌肉張力至指定時間。緩緩回復至起始姿勢，重複完成指定的次數。

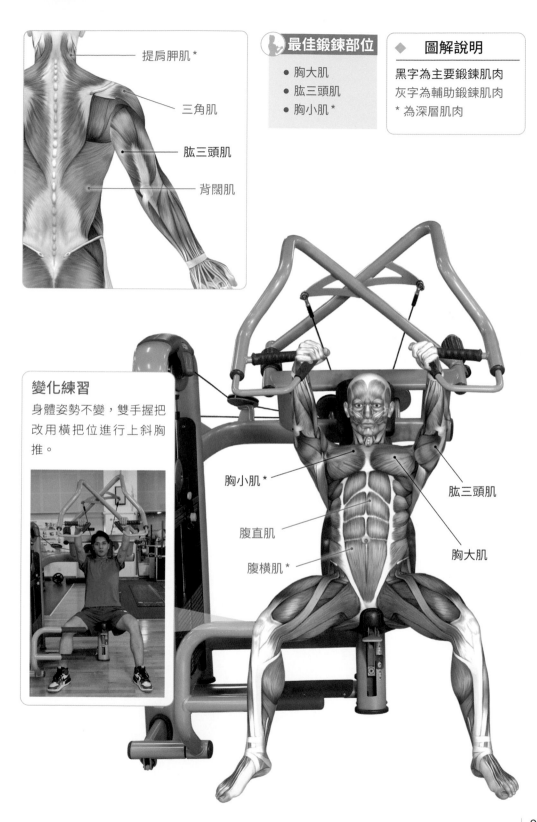

提肩胛肌 *

三角肌

肱三頭肌

背闊肌

最佳鍛鍊部位

- 胸大肌
- 肱三頭肌
- 胸小肌 *

◆　圖解說明

黑字為主要鍛鍊肌肉
灰字為輔助鍛鍊肌肉
* 為深層肌肉

變化練習

身體姿勢不變，雙手握把
改用橫把位進行上斜胸
推。

胸小肌 *

腹直肌

腹橫肌 *

肱三頭肌

胸大肌

坐姿胸推

示範影片

第3章 胸肩背訓練

❶ 坐於胸推機上，頭部、上背部緊貼椅背，雙腳撐地，雙手以豎把位握住把手。

❷ 保持挺胸收腹，雙臂前推。

- 避免

頭部前傾離開椅背
下背前挺離開椅背

- 正確做法

後背和臀部緊貼靠墊
用胸部與手臂出力

❸ 雙臂前推至手臂伸直但不鎖死，稍做停頓，感受胸部施力。在控制下回復至起使姿勢，重複完成指定次數。

鍛鍊目標
- 胸部
- 手臂

使用器材
- 坐式雙向胸推機

級別
- 初級

呼吸提示
- 手臂前推時呼氣，還原時吸氣

益處
- 增強胸部肌肉

注意 ⚠
- 肩部若感不適，暫不建議做此訓練

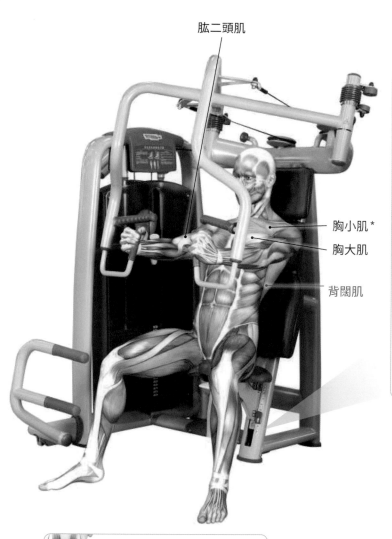

肱二頭肌

胸小肌 *

胸大肌

背闊肌

變化練習

身體姿勢不變,雙手以橫
把位握把進行胸推。

最佳鍛鍊部位

- 胸大肌
- 胸小肌 *
- 肱三頭肌
- 肱二頭肌

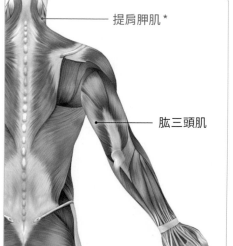

提肩胛肌 *

肱三頭肌

◆ 圖解說明

黑字為主要鍛鍊肌肉
灰字為輔助鍛鍊肌肉
* 為深層肌肉

滑輪下斜夾胸

示範影片

❶ 以弓步站在滑輪架中間位置，雙手緊握滑輪把手，上臂與肩齊平，略微屈肘，掌心相對。

❷ 感受胸部發力，雙臂由上向下將把手拉到身體中線。

- 避免

背部彎曲
俯身朝下
前臂過度出力

- 正確做法

手臂保持穩定
核心收緊
胸肌收縮

❸ 雙臂拉把手至核心前方，雙手靠攏。重複完成指定的次數。

鍛鍊目標
- 胸部
- 肩部

使用器材
- 滑輪架

級別
- 中級

呼吸提示
- 手臂下拉時呼氣，還原時吸氣

益處
- 增強胸部肌肉

注意
- 肩部若感不適，暫不建議做此訓練

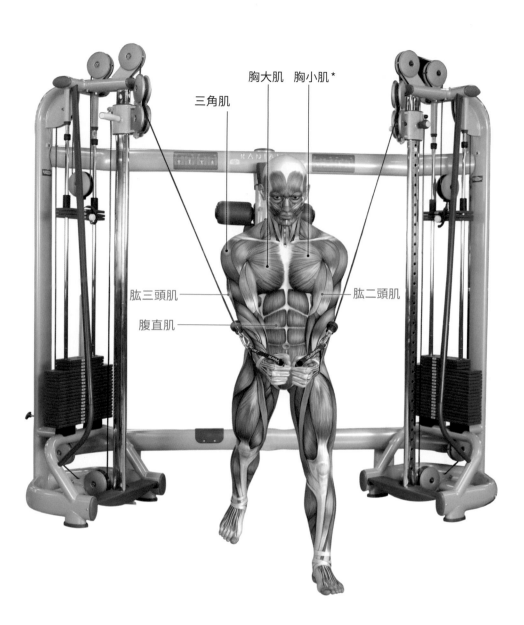

三角肌　胸大肌　胸小肌 *

肱三頭肌　　　　　　　　肱二頭肌

腹直肌

最佳鍛鍊部位

- 胸小肌 *
- 胸大肌
- 三角肌

◆　**圖解說明**

黑字為主要鍛鍊肌肉
灰字為輔助鍛鍊肌肉
* 為深層肌肉

伏地挺身

示範影片

① 呈俯臥姿，雙手、雙腳撐於地面，雙手與肩同寬，雙腳併攏。腰背部保持挺直，身體呈一條直線。

鍛鍊目標
- 手臂
- 胸部
- 核心

使用器材
- 瑜伽墊

級別
- 初級

呼吸提示
- 身體下降時吸氣，上升時呼氣

益處
- 提升上肢力量
- 增強核心穩定性

注意 ⚠
- 肩部、手腕或手臂若有不適，暫不建議做此訓練

② 保持核心收緊，雙臂屈肘，身體向下。

- **避免**

臀部向下塌陷
背部向上弓起

- **正確做法**

核心收緊
身體保持一條直線

③ 雙臂發力將身體向上撐起，然後再回復至起始姿勢。重複完成指定的次數。

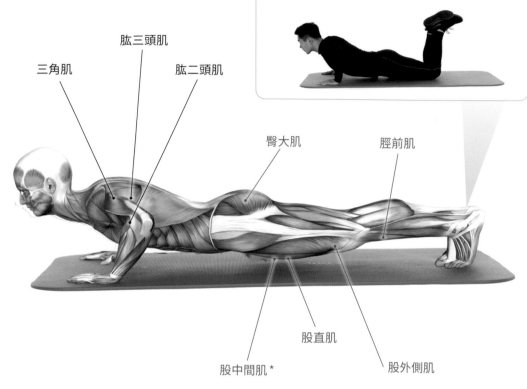

變化練習

雙手與雙膝撐地，保持核心收緊、背部挺直，雙臂屈肘向下做伏地挺身。

肱三頭肌

三角肌

肱二頭肌

臀大肌

脛前肌

股直肌

股中間肌 *

股外側肌

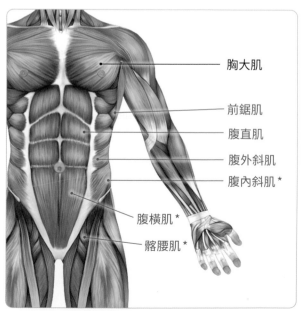

胸大肌

前鋸肌

腹直肌

腹外斜肌

腹內斜肌 *

腹橫肌 *

髂腰肌 *

最佳鍛鍊部位

- 三角肌
- 肱三頭肌
- 胸大肌
- 肱二頭肌

◆ 圖解說明

黑字為主要鍛鍊肌肉
灰字為輔助鍛鍊肌肉
* 為深層肌肉

伏地挺身 - 寬距

示範影片

- 避免

背部彎曲

臀部抬高

- 正確做法

核心收緊

背部保持平直

身體下降至上臂與地面平行

❶ 採俯臥姿，雙手與雙腳撐地，雙手的間距約為肩寬的兩倍，手臂伸直，身體從頭部到踝關節呈一條直線。

❷ 雙臂屈肘，身體下降至胸部幾乎碰到地面，上臂與前臂的夾角約為90度。

❸ 然後雙臂向上撐起，回復至起始姿勢。重複完成指定的次數。

鍛鍊目標

- 胸部
- 肩部
- 手臂

使用器材

- 瑜伽墊

級別

- 初級

呼吸提示

- 身體上升時呼氣，下降時吸氣

益處

- 增強胸部與雙臂肌肉力量
- 增強核心穩定性

注意 ⚠

- 肩部或下背若感不適，暫不建議做此訓練

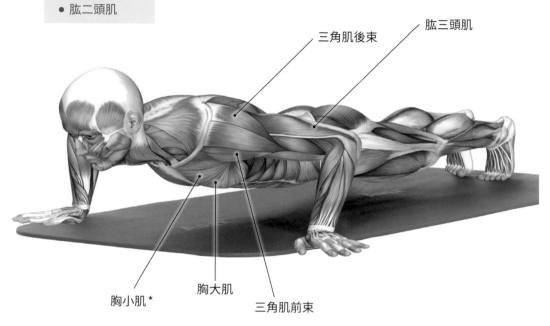

最佳鍛鍊部位

- 胸大肌
- 胸小肌 *
- 三角肌前束與後束
- 肱三頭肌
- 肱二頭肌

◆ 圖解說明

黑字為主要鍛鍊肌肉
灰字為輔助鍛鍊肌肉
* 為深層肌肉

三角肌後束

肱三頭肌

胸小肌 *

胸大肌

三角肌前束

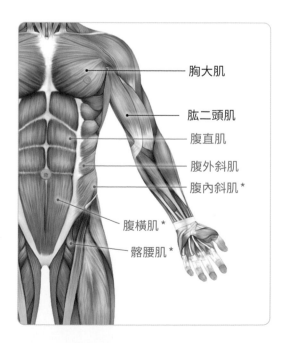

胸大肌

肱二頭肌

腹直肌

腹外斜肌

腹內斜肌 *

腹橫肌 *

髂腰肌 *

☀ 小提示

軀幹與腿部始終維持一直線。雙手距離較寬,對胸大肌的刺激比窄距更多。

伏地挺身-上斜

示範影片

❶ 雙手距離略比肩寬，俯身於訓練椅。手臂伸直，身體從頭部到踝關節呈一條直線。

❷ 雙臂屈肘，身體下降至胸部接近訓練椅，上臂與前臂的夾角約為90度。

鍛鍊目標

- 肩部
- 胸部
- 手臂
- 核心

使用器材

- 訓練椅

級別

- 初級

呼吸提示

- 身體下沉時吸氣，上升時呼氣

益處

- 增強胸部和雙臂肌肉力量
- 增強核心定性

注意

- 肩部若感不適，暫不建議做此訓練

❸ 雙臂向上撐起，回復至起始姿勢。重複完成指定的次數。

- 避免

臀部向上抬高

雙肩上聳

- 正確做法

核心收緊

身體成一條直線

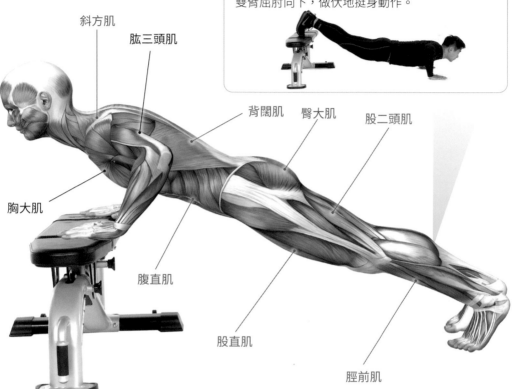

斜方肌

肱三頭肌

背闊肌　臀大肌　股二頭肌

胸大肌

腹直肌

股直肌

脛前肌

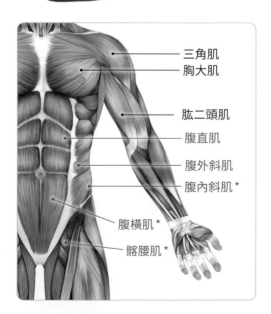

三角肌
胸大肌
肱二頭肌
腹直肌
腹外斜肌
腹內斜肌 *
腹橫肌 *
髂腰肌 *

最佳鍛鍊部位

- 肱二頭肌
- 肱三頭肌
- 胸大肌
- 三角肌

◆ 圖解說明

黑字為主要鍛鍊肌肉
灰字為輔助鍛鍊肌肉
* 為深層肌肉

伏地挺身 - 推起離地

示範影片

❶ 採俯臥姿，雙手與雙腳撐於地面，雙手與肩同寬，雙腳分開。腰背部保持挺直，頭部到踝關節呈一條直線。

❷ 維持核心收緊，雙臂屈肘，身體下降至上臂與前臂的夾角約為90度。

❸ 雙臂隨即迅速出力，將身體向上撐起離地，過程中身體保持挺直。落地後，重複完成指定的次數。

鍛鍊目標
● 胸部
● 肩部
● 手臂
● 核心

使用器材
● 瑜伽墊

級別
● 高級

呼吸提示
● 推起時呼氣，落地時吸氣

益處
● 增強肩部穩定性
● 提高雙臂爆發力

注意 ⚠
● 腕關節若感不適，暫不建議做此訓練

● 避免
背部弓起

● 正確做法
核心收緊，腰背挺直
軀幹處於中立位，保持穩定

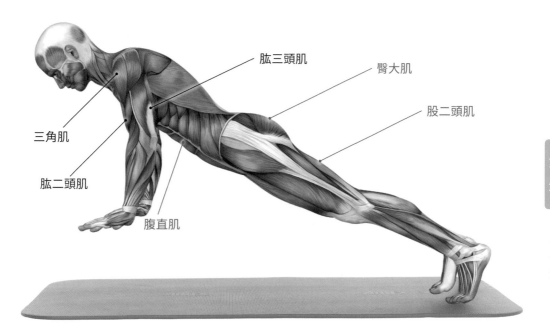

肱三頭肌

臀大肌

股二頭肌

三角肌

肱二頭肌

腹直肌

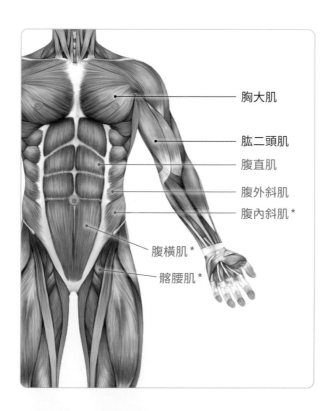

胸大肌

肱二頭肌

腹直肌

腹外斜肌

腹內斜肌 *

腹橫肌 *

髂腰肌 *

最佳鍛鍊部位

- 胸大肌
- 三角肌
- 肱二頭肌
- 肱三頭肌

◆ **圖解說明**

黑字為主要鍛鍊肌肉
灰字為輔助鍛鍊肌肉
* 為深層肌肉

坐姿划船

示範影片

❶ 坐於划船機上，雙腿屈膝，雙腳踩穩踏板。雙臂伸直握住把手，上身挺起。

❷ 雙腿發力，推動身體向後移動，同時雙手帶動把手向後，並保持上身挺直。

● 避免	● 正確做法
膝關節伸直鎖死 彎腰駝背	軀幹維持挺直 背部出力後收

❸ 後推至雙腿伸直微彎，雙臂屈肘拉近腹部，挺胸收腹，感受背肌出力。回復至起始姿勢，重複完成指定的次數。

鍛鍊目標
- 手臂
- 背部

使用器材
- 划船機

級別
- 初級

呼吸提示
- 雙臂後拉時呼氣，還原時吸氣

益處
- 鍛鍊背部肌肉

注意 ⚠
- 膝背若有不適，暫不建議做此訓練

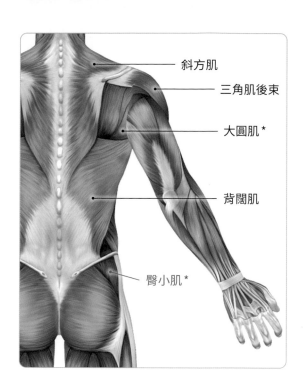

斜方肌

三角肌後束

大圓肌 *

背闊肌

臀小肌 *

最佳鍛鍊部位

- 斜方肌
- 肱二頭肌
- 三角肌後束
- 大圓肌 *
- 背闊肌

◆ 圖解說明

黑字為主要鍛鍊肌肉
灰字為輔助鍛鍊肌肉
* 為深層肌肉

第3章

胸肩背訓練

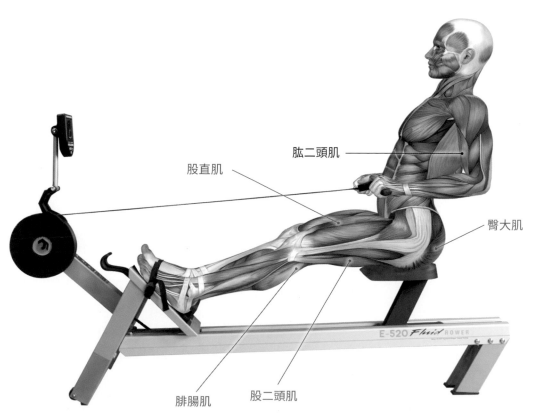

肱二頭肌

股直肌

臀大肌

腓腸肌

股二頭肌

E-520 *Fluid* ROWER

滑輪直臂下拉

示範影片

❶面向器械站立，雙腳與肩同寬，雙臂伸直，手握握把。雙腿略微屈膝，上身稍向前傾。

● 避免	● 正確做法
腕關節彎曲 彎腰弓背	軀幹挺直 手臂伸直，下肢維持穩定

❷保持身體穩定，收縮背部肌肉，帶動雙臂伸直下拉握把至髖部後側。緩緩回復至起始姿勢，重複完成指定的次數。

鍛鍊目標
● 背部
使用器材
● 滑輪機
級別
● 中級
呼吸提示
● 雙臂下拉時呼氣，還原時吸氣
益處
● 鍛鍊背部肌肉
注意 ⚠
● 肩部或背部若有不適，暫不建議做此訓練

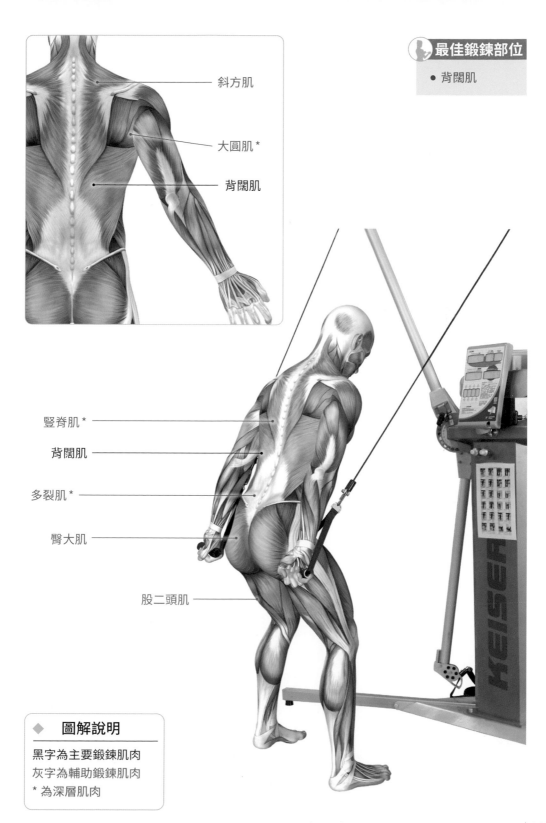

斜方肌

大圓肌 *

背闊肌

豎脊肌 *

背闊肌

多裂肌 *

臀大肌

股二頭肌

◆ 圖解說明

黑字為主要鍛鍊肌肉
灰字為輔助鍛鍊肌肉
* 為深層肌肉

引體向上

示範影片

❶ 站在器械中間，雙手握住把手，雙臂伸直，雙腿懸空伸直。

避免	正確做法
完全靠手臂力量 雙腿擺盪	以背肌出力為主 核心收緊

❷ 背肌收縮，屈肘拉起身體至下巴約與把手等高，稍作停頓。緩緩回復至起始姿勢，重複完成指定的次數。

鍛鍊目標
- 手臂
- 背部

使用器材
- 多功能訓練架

級別
- 中級

呼吸提示
- 拉起時呼氣，還原時吸氣

益處
- 增強背部和手臂力量

注意
- 肩背部若感不適，暫不建議做此訓練

◆　**圖解說明**

黑字為主要鍛鍊肌肉

灰字為輔助鍛鍊肌肉

* 為深層肌肉

最佳鍛鍊部位

- 背闊肌
- 肱二頭肌

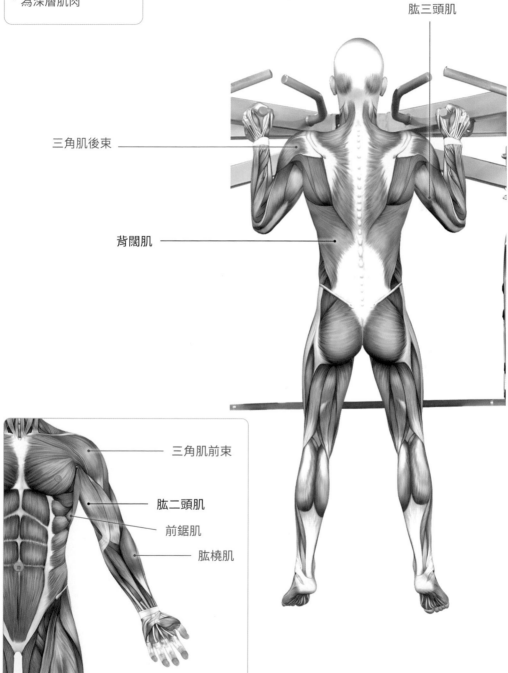

肱三頭肌

三角肌後束

背闊肌

三角肌前束

肱二頭肌

前鋸肌

肱橈肌

槓鈴硬舉

示範影片

❶ 雙腳與肩同寬，槓鈴靠近小腿前側。上身前俯，雙臂伸直，膝關節微屈，雙手握緊槓鈴。

- 避免

背部過度彎曲前傾
雙膝內扣

- 正確做法

核心收緊
保持上身挺直
膝蓋與腳尖朝同方向

❷ 臀部夾緊，上身直立，背肌出力帶動槓鈴上舉，同時肩胛後收，稍作停頓。回復至起始姿勢，完成指定的次數。

鍛鍊目標
- 全身

使用器材
- 槓鈴，史密斯架

級別
- 高級

呼吸提示
- 舉起時呼氣，還原時吸氣

益處
- 提升軀幹力量
- 增強膝關節穩定性

注意 ⚠
- 膝關節若感不適，暫不建議做此訓練

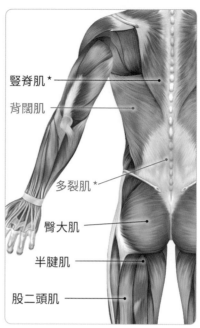

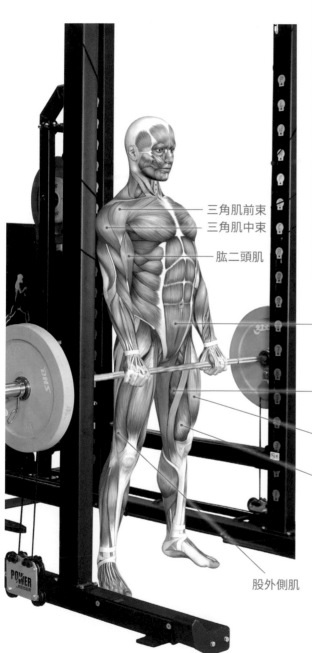

竪脊肌 *

背闊肌

多裂肌 *

臀大肌

半腱肌

股二頭肌

三角肌前束

三角肌中束

肱二頭肌

腹橫肌 *

內收肌

股直肌

股內側肌

股外側肌

最佳鍛鍊部位

- 竪脊肌 *
- 臀大肌
- 半腱肌
- 股二頭肌

◆ 圖解說明

黑字為主要鍛鍊肌肉

灰字為輔助鍛鍊肌肉

* 為深層肌肉

前俯划船

❶ 將訓練椅調整為上斜30~45度，胸腹緊貼椅背，雙手握啞鈴自然下垂，掌心相對。

- 避免

頸部和下巴過於緊收

肩部上聳

- 正確做法

下巴始終貼於椅背

維持背部挺直貼椅

❷ 肘關節貼近身體，雙臂同時向上拉動啞鈴至軀幹兩側。

鍛鍊目標

- 背部
- 肩部

使用器材

- 啞鈴、訓練椅

級別

- 初級

呼吸提示

- 上拉時呼氣，還原時吸氣

益處

- 增加後背肌肉的力量
- 提高肩部的穩定性

注意 ⚠

- 肩背若感不適，暫不建議做此訓練

❸ 回復至起始姿勢，重複完成指定的次數。

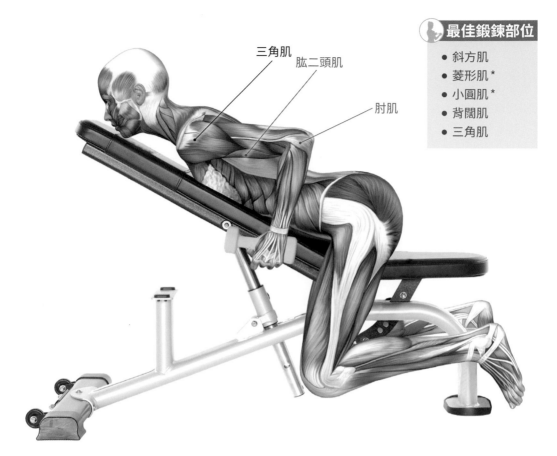

三角肌　肱二頭肌

肘肌

第 3 章　胸肩背訓練

最佳鍛鍊部位

- 斜方肌
- 菱形肌 *
- 小圓肌 *
- 背闊肌
- 三角肌

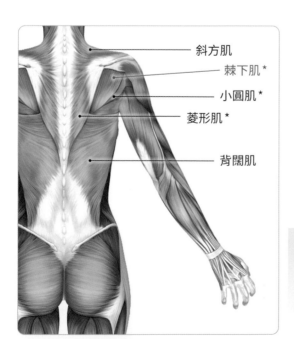

斜方肌
棘下肌 *
小圓肌 *
菱形肌 *

背闊肌

◆　圖解說明

黑字為主要鍛鍊肌肉
灰字為輔助鍛鍊肌肉
* 為深層肌肉

☀ 小提示

基於健身房禮儀，訓練後應輕輕放下
啞鈴，不要直接摔落在地。

壺鈴前俯交替划船

示範影片

❶ 雙手各持一個壺鈴並緊握把手支撐於地，雙臂伸直與地面垂直，雙腳分開以腳尖撐地且保持平板姿勢。

• 避免	• 正確做法
骨盆旋轉	保持骨盆中立位

❷ 維持身體姿勢不變，單臂向上彎曲至肘關節超過背部，同時保持壺鈴底部朝下。

❸ 下放壺鈴，回復至起始姿勢。

❹ 換對側手臂向上彎曲至肘關節超過背部，同時保持壺鈴底部朝下。雙臂交替進行，重複完成指定的次數。

鍛鍊目標
- 肩部
- 背部
- 核心

使用器材
- 壺鈴

級別
- 高級

呼吸提示
- 全程均勻呼吸

益處
- 增強背部力量
- 增強肩部穩定性

注意 ⚠
- 背部或手腕若感不適，暫不建議做此訓練

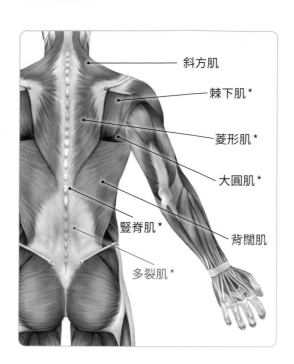

斜方肌

棘下肌 *

菱形肌 *

大圓肌 *

豎脊肌 *

背闊肌

多裂肌 *

第3章

胸肩背訓練

🗣 最佳鍛鍊部位

- 棘下肌 *
- 大圓肌 *
- 菱形肌 *
- 斜方肌
- 背闊肌
- 豎脊肌 *
- 三角肌後束

◆ 圖解說明

黑字為主要鍛鍊肌肉

灰字為輔助鍛鍊肌肉

* 為深層肌肉

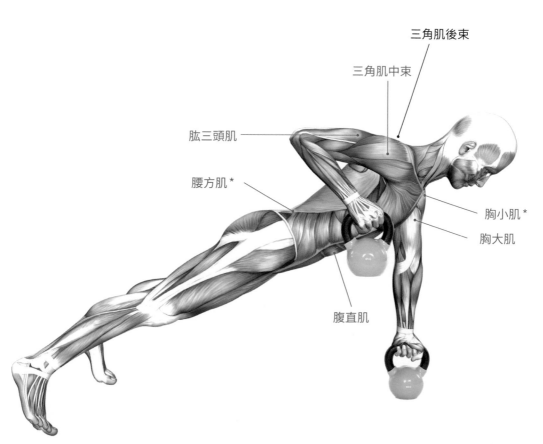

三角肌後束

三角肌中束

肱三頭肌

腰方肌 *

胸小肌 *

胸大肌

腹直肌

啞鈴單臂划船

示範影片

❶ 左側手、膝以訓練椅支撐，右腳平踩於地面，右手握住啞鈴自然下垂。

● 避免

用蠻力猛拉啞鈴

● 正確做法

手臂直上直下
軀幹保持挺直

鍛鍊目標
● 背部
● 手臂
● 肩部

使用器材
● 啞鈴、訓練椅

級別
● 初級

呼吸提示
● 向上拉提時呼氣，
還原時吸氣

益處
● 增強肩背部力量

注意 ⚠
● 背部若感不適，暫
不建議做此訓練

❷ 右臂屈肘，背肌出力向上提起啞鈴。

❸ 提起啞鈴至肘關節超過
背部，稍做停頓。回復
至起始姿勢，重複完成
指定的次數，對側亦然。

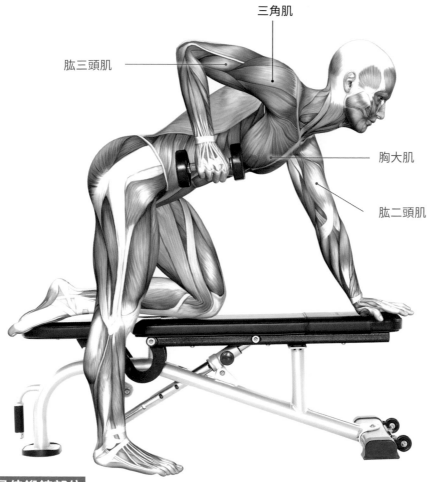

三角肌

肱三頭肌

胸大肌

肱二頭肌

最佳鍛鍊部位

- 斜方肌
- 菱形肌 *
- 背闊肌
- 大圓肌 *
- 三角肌
- 棘下肌 *

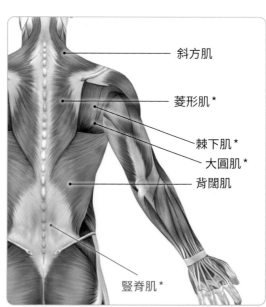

斜方肌

菱形肌 *

棘下肌 *

大圓肌 *

背闊肌

豎脊肌 *

◆ 圖解說明

黑字為主要鍛鍊肌肉

灰字為輔助鍛鍊肌肉

* 為深層肌肉

坐姿俯身側平舉

示範影片

❶ 坐在訓練椅上，雙手各握一個啞鈴，手臂自然下垂，上半身前屈使胸部與大腿接觸。

- 避免

身體晃動

雙肩上聳

- 正確做法

核心收緊

背部平直

❷ 雙臂同時側平舉，肘關節稍微彎曲。

鍛鍊目標
- 背部
- 手臂
- 肩部

使用器材
- 啞鈴、訓練椅

級別
- 初級

呼吸提示
- 側平舉時呼氣，還原時吸氣

益處
- 強化背部和肩部肌肉

注意 ⚠
- 肩部若感不適，暫不建議做此訓練

❸ 手臂緩緩恢復至起始姿勢，重複完成指定的次數。

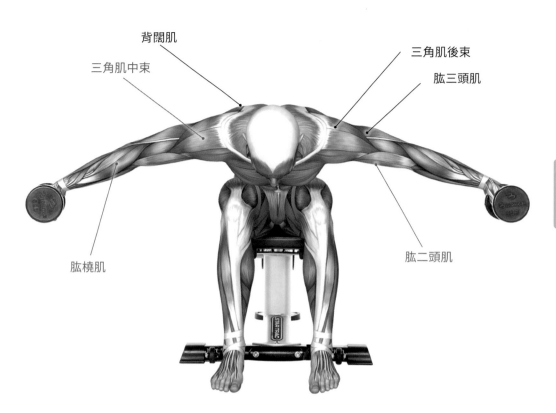

背闊肌

三角肌中束

三角肌後束

肱三頭肌

肱橈肌

肱二頭肌

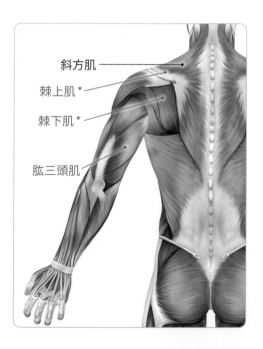

斜方肌

棘上肌 *

棘下肌 *

肱三頭肌

最佳鍛鍊部位

- 背闊肌
- 斜方肌
- 三角肌後束
- 肱三頭肌

◆　**圖解說明**

黑字為主要鍛鍊肌肉
灰字為輔助鍛鍊肌肉
* 為深層肌肉

啞鈴直立划船

❶ 呈基本站姿，雙手握住啞鈴自然垂放身體前側，掌心向後。

❷ 背肌帶動雙臂屈肘向上提拉啞鈴。

- 避免

肩部上聳

- 正確做法

核心收緊
採用輕重量啞鈴

❸ 雙臂提拉啞鈴至靠近下巴位置。

❹ 雙臂緩緩下放，回復至起始姿勢，重複完成指定的次數。

鍛鍊目標

- 肩部
- 手臂

使用器材

- 啞鈴

級別

- 初級

呼吸提示

- 提拉時呼氣，下放時吸氣

益處

- 增加肩部肌肉力量
- 提高肩部穩定性

注意 ⚠

- 肩部若感不適，暫不建議做此訓練

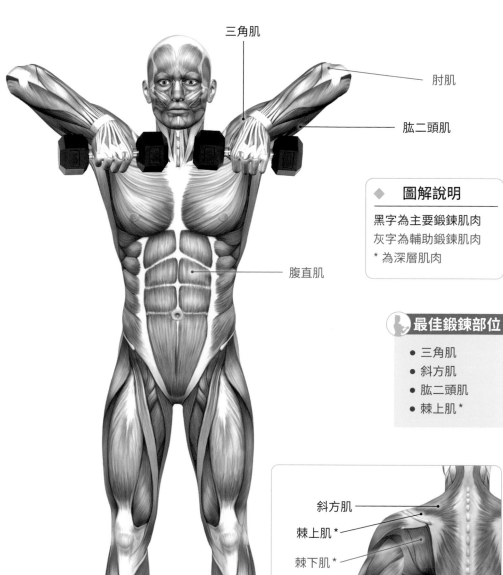

三角肌

肘肌

肱二頭肌

腹直肌

◆ **圖解說明**

黑字為主要鍛鍊肌肉
灰字為輔助鍛鍊肌肉
* 為深層肌肉

最佳鍛鍊部位

- 三角肌
- 斜方肌
- 肱二頭肌
- 棘上肌 *

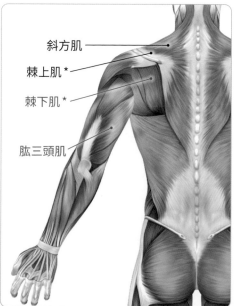

斜方肌

棘上肌 *

棘下肌 *

肱三頭肌

壺鈴單臂划船

示範影片

❶ 身體略微下蹲且左腿向前跨步，使雙腿分開呈弓步姿勢。右手緊握壺鈴把手，保持壺鈴底部朝下，右臂自然下垂，左手置於腰側。

● 避免

肘部外張

提拉與下放速度過快

● 正確做法

背部挺直

肘關節貼近體側

❷ 右臂向上彎曲至上臂與地面平行，同時保持前臂與地面垂直，壺鈴底部朝下。

鍛鍊目標
● 肩部
● 背部

使用器材
● 壺鈴

級別
● 中級

呼吸提示
● 全程均勻呼吸

益處
● 增強背部肌肉力量
● 增強肩部穩定性

注意 ⚠
● 背部若感不適，暫不建議做此訓練

❸ 回復至起始姿勢，重複完成指定的次數，對側亦然。

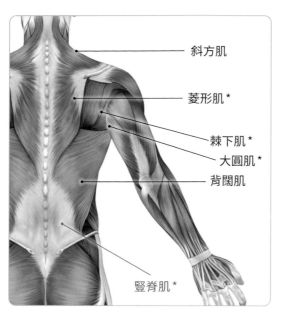

斜方肌

菱形肌 *

棘下肌 *

大圓肌 *

背闊肌

豎脊肌 *

最佳鍛鍊部位

- 斜方肌
- 菱形肌 *
- 背闊肌
- 大圓肌 *
- 三角肌
- 棘下肌 *

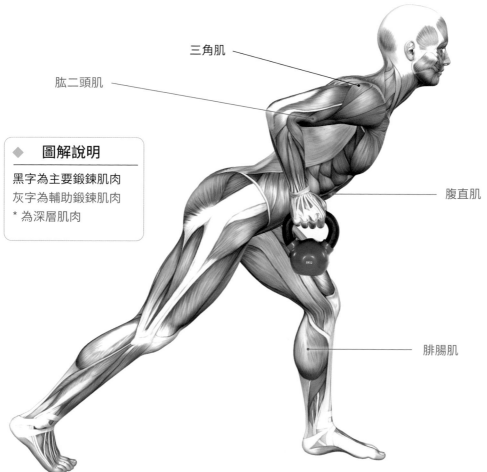

三角肌

肱二頭肌

◆ 圖解說明

黑字為主要鍛鍊肌肉
灰字為輔助鍛鍊肌肉
* 為深層肌肉

腹直肌

腓腸肌

啞鈴直臂拉舉

示範影片

鍛鍊目標
- 手臂
- 背部

使用器材
- 啞鈴、訓練椅

級別
- 初級

呼吸提示
- 抬起時呼氣，放下時吸氣

益處
- 增強背部肌肉力量

注意 ⚠
- 肩部若感不適，暫不建議做此訓練

❶ 仰臥於訓練椅上，雙手托住啞鈴，手臂伸直停在胸部上方。

❷ 保持手臂伸直，將啞鈴向頭頂方向移動，直至雙臂與地面接近平行。

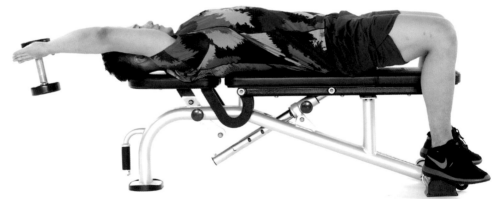

❸ 回復至起始姿勢，重複完成指定的次數。

- 避免

啞鈴脫落擊中身體或頭部
拱腰

- 正確做法

背部平貼椅面
雙腳踩穩

最佳鍛鍊部位

- 背闊肌
- 前鋸肌

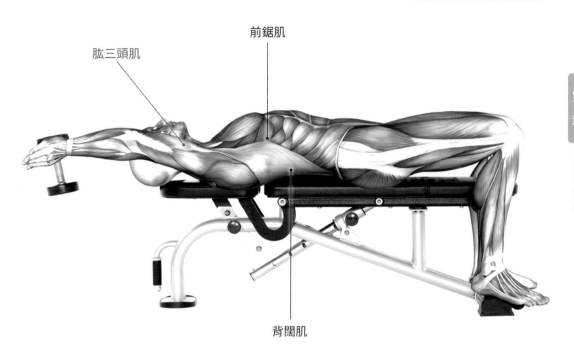

前鋸肌

肱三頭肌

背闊肌

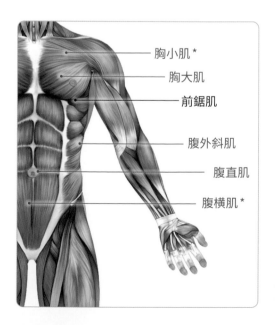

胸小肌 *
胸大肌
前鋸肌
腹外斜肌
腹直肌
腹橫肌 *

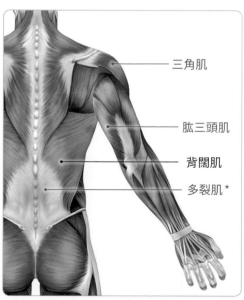

三角肌

肱三頭肌

背闊肌

多裂肌 *

坐姿高位下拉

示範影片

❶ 坐在訓練椅上，上身挺直，雙腳撐地，手握把手呈橫把位，手腕打直。

- **避免**

  上身前傾，弓背

- **正確做法**

  後背與臀部緊貼靠墊
  背肌出力帶動手臂下拉，且手臂與軀幹在同一平面

鍛鍊目標
- 手臂
- 背部

使用器材
- 坐式高位下拉機

級別
- 初級

呼吸提示
- 手臂下拉時呼氣，還原時吸氣

益處
- 增加背部肌肉力量

注意 ⚠
- 肩部若感不適，暫不建議做此訓練

❸ 雙臂下拉把手至雙手與肩部齊平。回復至起始姿勢，重複完成指定的次數。

❷ 保持身體姿勢正直，挺胸收腹，雙臂下拉把手。

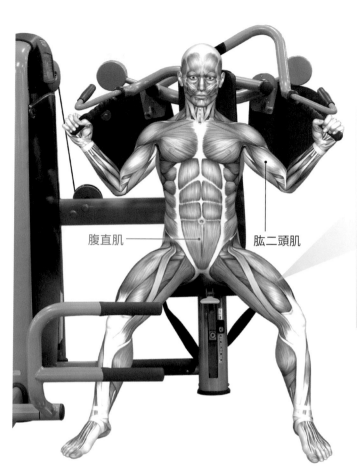

腹直肌

肱二頭肌

變化練習

身體姿勢保持不變，雙手握把手呈豎把位，進行坐姿高位下拉。

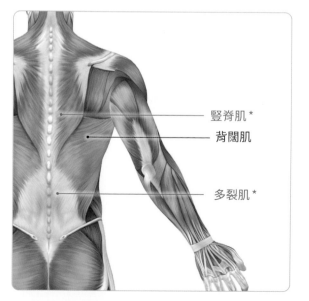

豎脊肌 *

背闊肌

多裂肌 *

最佳鍛鍊部位

- 肱二頭肌
- 背闊肌

◆ 圖解說明

黑字為主要鍛鍊肌肉
灰字為輔助鍛鍊肌肉
* 為深層肌肉

壺鈴單臂高拉

示範影片

❶ 雙腳分開略比肩寬，腳尖朝前，單手緊握壺鈴把手，身體下蹲，同時軀幹前傾。將壺鈴置於雙腿之間，未持壺鈴的手臂自然後擺。

❷ 身體向上站起，手臂跟隨身體移動向上提拉壺鈴。

- 避免

身體扭轉
只用手臂力量

- 正確做法

連續的爆發力動作
背肌收縮

鍛鍊目標
- 肩部
- 背部

使用器材
- 壺鈴

級別
- 中級

呼吸提示
- 全程均勻呼吸

益處
- 增增強中背部力量
- 增強全身力量

注意 ⚠
- 肩部若感不適，暫不建議做此訓練

❸ 將壺鈴拉提到頭部一側。回復至起始姿勢，重複完成指定的次數，對側亦然。

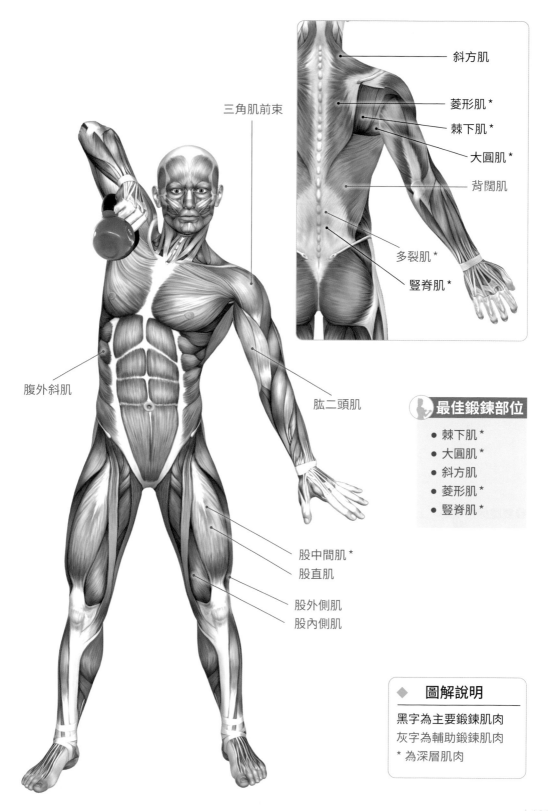

斜方肌

菱形肌 *

棘下肌 *

大圓肌 *

背闊肌

三角肌前束

多裂肌 *

豎脊肌 *

腹外斜肌

肱二頭肌

最佳鍛鍊部位

- 棘下肌 *
- 大圓肌 *
- 斜方肌
- 菱形肌 *
- 豎脊肌 *

股中間肌 *

股直肌

股外側肌

股內側肌

◆　圖解說明

黑字為主要鍛鍊肌肉

灰字為輔助鍛鍊肌肉

* 為深層肌肉

俯臥YTW伸展

❶ 身體呈俯臥姿勢，雙臂與身體呈 Y 字形，雙手握拳，大拇指（拳眼）朝上。直臂稍微上抬數次，感受背部出力。

鍛鍊目標
- 肩部
- 背部

使用器材
- 瑜伽墊

級別
- 初級

呼吸提示
- 出力時呼氣，還原時吸氣

益處
- 鍛鍊背部肌肉

注意 ⚠
- 肩部若感不適，暫不建議做此訓練

❷ 保持姿勢，大拇指（拳眼）朝上，同時向後打開手臂與身體呈 T 字形。直臂稍微上抬數次，感受背部出力。

- 避免

頭部上抬

肩部上聳

- 正確做法

軀幹保持挺直

頭部保持中立位

大拇趾（拳眼）朝上

背部出力

❸ 手肘後收與身體呈 W 字形，雙肘內收擠壓背部，重複完成指定的次數。

最佳鍛鍊部位

- 菱形肌 *
- 棘下肌 *
- 背闊肌
- 三角肌後束
- 大圓肌 *

◆ **圖解說明**

黑字為主要鍛鍊肌肉
灰字為輔助鍛鍊肌肉
* 為深層肌肉

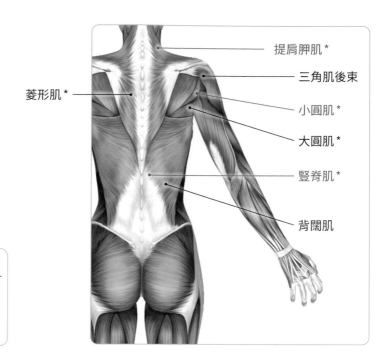

提肩胛肌 *
三角肌後束
小圓肌 *
大圓肌 *
豎脊肌 *
背闊肌
菱形肌 *

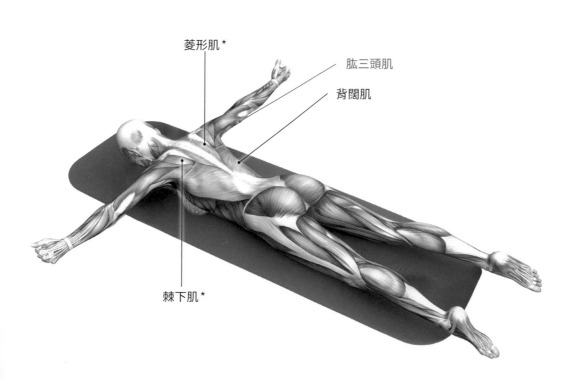

菱形肌 *
肱三頭肌
背闊肌
棘下肌 *

04

CHAPTER FOUR

第4章
核心訓練

平板支撐

鍛鍊目標
- 核心
- 肩部
- 手臂

使用器材
- 瑜伽墊

級別
- 初級

呼吸提示
- 全程均勻呼吸

益處
- 強化核心肌群
- 增強肩部穩定性

注意 ⚠
- 肩部若感不適，暫不建議做此訓練

- **避免**

臀部下塌
肩關節、中背部鬆垮

- **正確做法**

身體從頭到腳呈一條直線
核心收緊

呈伏地挺身姿勢，雙臂伸直支撐於肩部正下方，背部平直，核心收緊。雙手與肩同寬，雙腳略分開以腳尖支撐於地面。收緊核心維持姿勢至指定的時間。

最佳鍛鍊部位

- 三角肌
- 菱形肌 *
- 腹直肌
- 肱三頭肌
- 前鋸肌
- 腹内斜肌 *
- 腹外斜肌

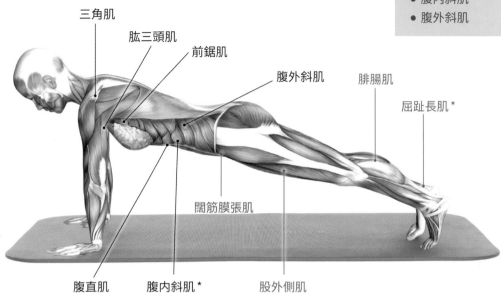

三角肌　肱三頭肌　前鋸肌　腹外斜肌　腓腸肌　屈趾長肌 *

闊筋膜張肌

腹直肌　腹内斜肌 *　股外側肌

第4章 核心訓練

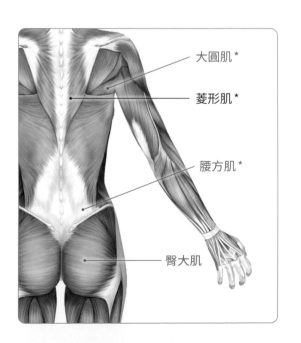

大圓肌 *

菱形肌 *

腰方肌 *

臀大肌

☀ **小提示**

在保持頭部不上抬的情況下，頸部盡可能延伸。

側平板支撐

示範影片

- **避免**

髖關節下沉

身體前後晃動

- **正確做法**

雙腿保持挺直

核心收緊，背部挺直

鍛鍊目標
● 核心

使用器材
● 瑜伽墊

級別
● 初級

呼吸提示
● 全程均勻呼吸

益處
● 鍛鍊核心 強化肩部肌群

注意　⚠
● 肩背若感不適，暫 　不建議做此訓練

身體側臥，雙腳併攏支撐於地面，右臂伸直，支撐於肩部正下方，左手扶腰。保持背部平直，核心收緊，身體軀幹呈一條直線。保持姿勢至指定的時間，對側亦然。

最佳鍛鍊部位

- 腹直肌
- 腹內斜肌 *
- 腹外斜肌

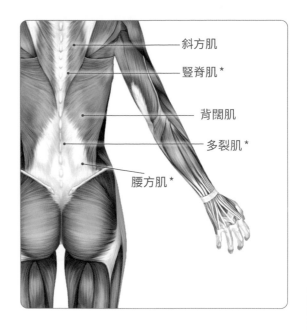

斜方肌

豎脊肌 *

背闊肌

多裂肌 *

腰方肌 *

◆ 圖解說明

黑字為主要鍛鍊肌肉

灰字為輔助鍛鍊肌肉

* 為深層肌肉

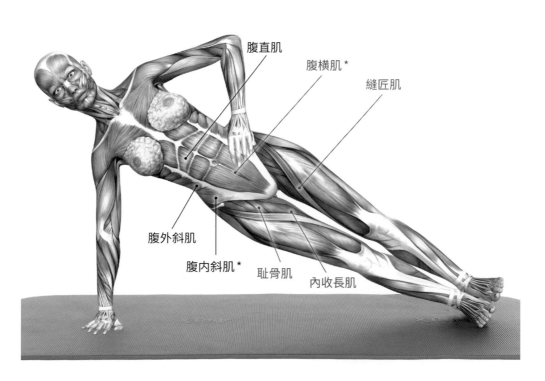

腹直肌

腹橫肌 *

縫匠肌

腹外斜肌

腹內斜肌 *

耻骨肌

內收長肌

骨盆傾斜訓練

示範影片

❶ 將半圓形滾筒的平面朝上置於訓練椅前端，然後坐在上面，挺胸抬頭，雙腿彎曲，雙腳踩在另一個半圓形滾筒上。雙臂伸展，雙手扶於體側的半圓形滾筒上。

第4章

核心訓練

鍛鍊目標
● 核心
● 臀部

使用器材
● 半圓形滾筒、訓練椅、瑜伽墊

級別
● 初級

呼吸提示
● 全程均勻呼吸

益處
● 強化骨盆周圍肌群，並增加其穩定性

注意 ⚠
● 骨盆附近若感不適，暫不建議做此訓練

● 避免	● 正確做法
彎腰弓背	上身挺直
身體軀幹轉動	核心收緊

❷ 身體略微後仰，使骨盆前傾。

❸ 保持身體穩定，回復至起始姿勢。

❹ 身體稍向前傾，骨盆後傾。重複完成指定的次數。

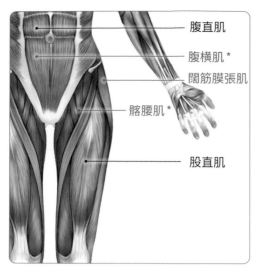

腹直肌

腹橫肌 *

闊筋膜張肌

髂腰肌 *

股直肌

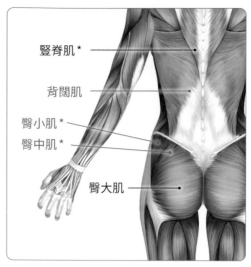

豎脊肌 *

背闊肌

臀小肌 *

臀中肌 *

臀大肌

最佳鍛鍊部位

- 腹直肌
- 臀大肌
- 豎脊肌 *
- 股直肌

◆　**圖解說明**

黑字為主要鍛鍊肌肉

灰字為輔助鍛鍊肌肉

* 為深層肌肉

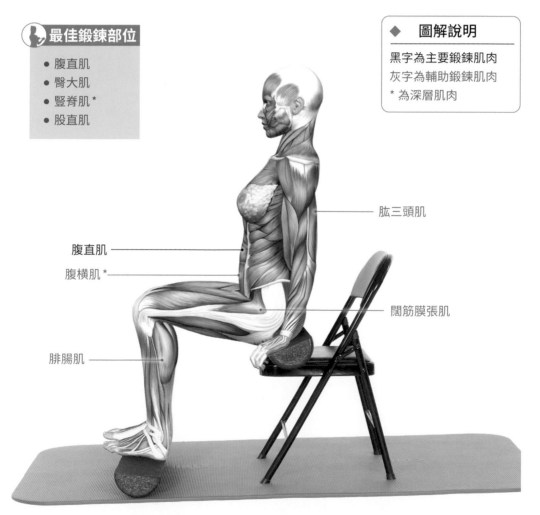

肱三頭肌

腹直肌

腹橫肌 *

闊筋膜張肌

腓腸肌

側捲腹

示範影片

鍛鍊目標
- 核心

使用器材
- 瑜伽墊

級別
- 高級

呼吸提示
- 全程均勻呼吸

益處
- 鍛鍊核心肌群
- 增強核心穩定性

注意 ⚠
- 腰部若感不適，暫不建議做此訓練

- **避免**

頸部過度緊繃

上半身前傾內縮

- **正確做法**

核心收緊

維持軀幹中立位，不要扭轉

❶ 側臥在瑜伽墊上，左臂往前伸直扶在地面。右臂屈肘，右手扶頭，雙腿屈膝併攏。

❷ 右側核心收緊，拉近右肘與大腿的距離，稍作停頓。回復至起始姿勢，重複完成指定的次數，對側亦然。

最佳鍛鍊部位

- 腹外斜肌
- 腹内斜肌 *
- 腹直肌

◆ 圖解說明

黑字為主要鍛鍊肌肉

灰字為輔助鍛鍊肌肉

* 為深層肌肉

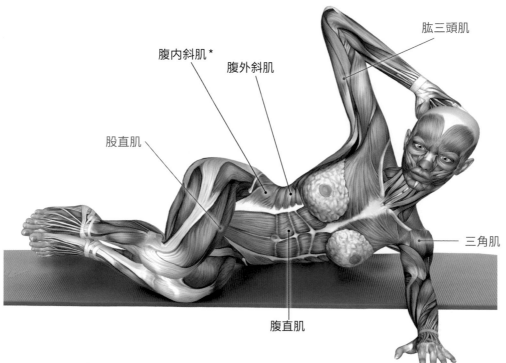

肱三頭肌

腹内斜肌 *

腹外斜肌

股直肌

三角肌

腹直肌

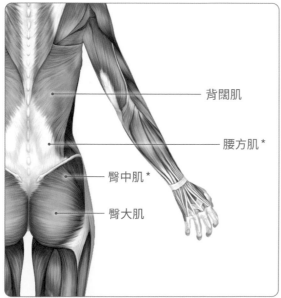

背闊肌

腰方肌 *

臀中肌 *

臀大肌

第4章 核心訓練

☀ 小提示

捲腹時呼氣，回復時吸氣。

滑輪跪姿捲腹

示範影片

❶ 呈高跪姿，雙手握緊滑索把手，置於肩部前方，上身挺直，略微屈髖。

- **避免**

頭頸緊繃代償
只靠手臂下壓的力量

- **正確做法**

運用核心收縮的力量

❸ 收縮腹部核心帶動身體俯身至動作最低處，稍作停頓。回復至起始姿勢，重複完成指定的次數。

鍛鍊目標
- 核心

使用器材
- 滑輪架

級別
- 初級

呼吸提示
- 軀幹屈曲時呼氣，還原時吸氣

益處
- 增強腹部的力量

注意 ⚠
- 背部若感不適，暫不建議做此訓練

❷ 雙腿保持不動，上身下俯，下拉滑索，背部自然彎曲。

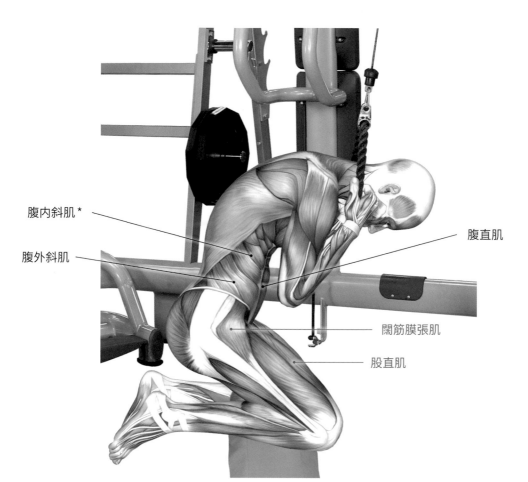

腹内斜肌 *

腹外斜肌

腹直肌

闊筋膜張肌

股直肌

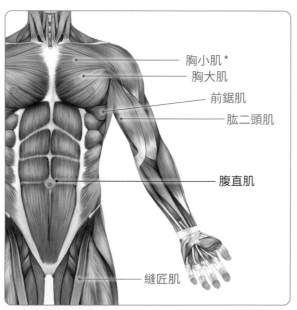

胸小肌 *

胸大肌

前鋸肌

肱二頭肌

腹直肌

縫匠肌

最佳鍛鍊部位

- 腹直肌
- 腹內斜肌 *
- 腹外斜肌

◆　圖解說明

黑字為主要鍛鍊肌肉

灰字為輔助鍛鍊肌肉

* 為深層肌肉

屈腿仰臥舉腿

示範影片

❶ 仰臥在瑜伽墊上，雙腿屈膝，膝關節間可夾一個啞鈴（或瑜伽磚）。雙臂打開放在身體兩側，雙腳平踩瑜伽墊。

❷ 屈髖，雙腿上抬至大腿垂直於地面。

鍛鍊目標
- 核心
- 臀部

使用器材
- 啞鈴、瑜伽墊

級別
- 中級

呼吸提示
- 雙腿抬起時呼氣，回復時吸氣

益處
- 強化核心肌群
- 避免下背疼痛

注意 ⚠
- 髖關節不穩定，暫不建議做此訓練

- **避免**
下背部或頸部從地面抬起
憑藉動能完成動作

- **正確做法**
利用腹肌帶動下肢
雙臂始終平放於地面

❸ 回復至起始姿勢，重複完成指定的次數。

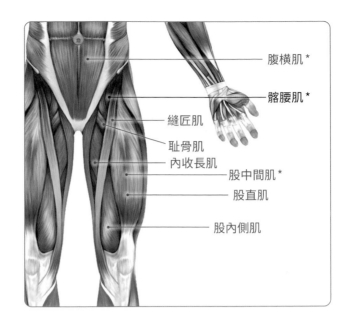

最佳鍛鍊部位

- 腹直肌
- 髂腰肌 *

腹橫肌 *

髂腰肌 *

縫匠肌

恥骨肌

內收長肌

股中間肌 *

股直肌

股內側肌

◆　圖解說明

黑字為主要鍛鍊肌肉
灰字為輔助鍛鍊肌肉
* 為深層肌肉

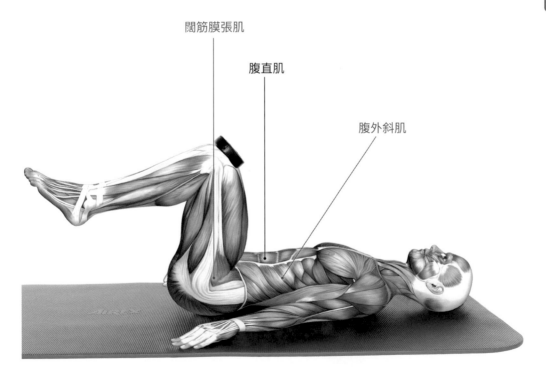

闊筋膜張肌

腹直肌

腹外斜肌

抗力球捲腹

示範影片

❶ 仰臥於抗力球上,背部緊貼球面,挺髖的同時屈膝呈90度角,使軀幹、大腿與地面大致平行。雙手持啞鈴,雙臂伸直上舉。

● 避免

背部脊柱彎曲
肩部鬆垮,雙臂晃動

● 正確做法

核心收緊,背部保持平直
雙腳踩穩地面

鍛鍊目標
● 核心
● 肩部

使用器材
● 啞鈴、抗力球

級別
● 高級

呼吸提示
● 身體下降時吸氣,上推時呼氣

益處
● 鍛鍊核心肌群
● 提高核心穩定性

注意
● 腰部若感不適,暫不建議做此訓練

❷ 臀部及背部自然貼住抗力球,腹肌收緊,軀幹彎曲,肩部推起,捲腹上推。有控制地回復至起始姿勢,重複動作至指定的次數。

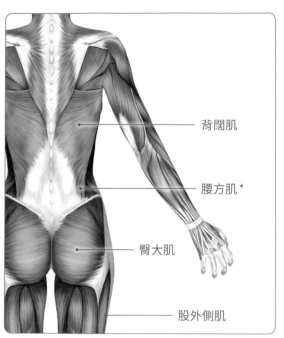

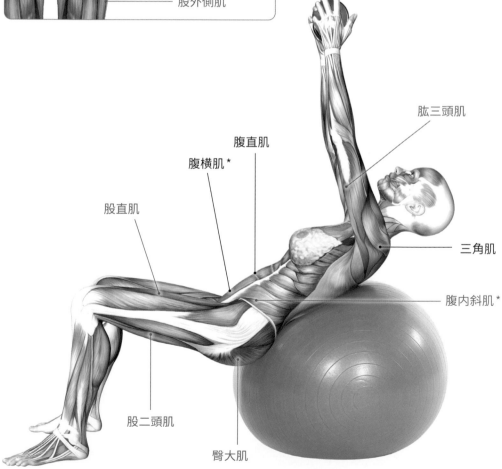

背闊肌

腰方肌 *

臀大肌

股外側肌

◆ 圖解說明

黑字為主要鍛鍊肌肉
灰字為輔助鍛鍊肌肉
* 為深層肌肉

第4章

核心訓練

肱三頭肌

腹直肌

腹橫肌 *

股直肌

三角肌

腹內斜肌 *

股二頭肌

臀大肌

壺鈴伏地挺身

示範影片

① 呈伏地挺身姿勢，將兩個壺鈴以與肩同寬的距離放置在身前，雙手按住壺身，雙臂伸直撐起身體，雙腳分開以腳尖支撐地面，身體保持挺直。

鍛鍊目標
- 肩部
- 腹部
- 手臂

使用器材
- 壺鈴、瑜伽墊

級別
- 中級

呼吸提示
- 全程均勻呼吸

益處
- 提高上肢力量
- 增強核心穩定性

注意 ⚠
- 腕關節或肩部若感不適，暫不建議做此訓練

② 保持身體姿勢不變，雙臂彎曲使身體向下做伏地挺身。

- **避免**
  肩部放鬆下墜
  背部弓起

- **正確做法**
  背部始終挺直
  頸部到踝關節呈一條直線

③ 回復至起始姿勢，重複完成指定的次數。

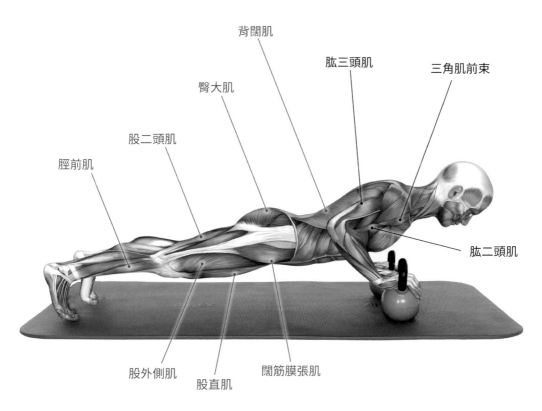

背闊肌

臀大肌

肱三頭肌

三角肌前束

股二頭肌

脛前肌

肱二頭肌

股外側肌

股直肌

闊筋膜張肌

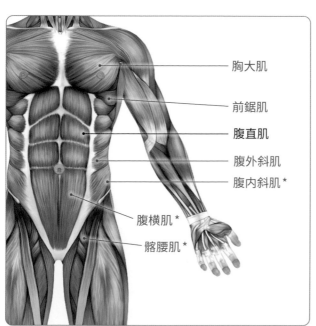

胸大肌

前鋸肌

腹直肌

腹外斜肌

腹內斜肌 *

腹橫肌 *

髂腰肌 *

最佳鍛鍊部位

- 三角肌前束
- 腹直肌
- 肱二頭肌
- 肱三頭肌

◆ 圖解說明

黑字為主要鍛鍊肌肉
灰字為輔助鍛鍊肌肉
* 為深層肌肉

俄羅斯轉體

❶ 坐在墊上,以臀部支撐身體。屈髖、屈膝抬起雙腿,雙手持握一支啞鈴的兩端,屈肘將其置於胸前,下背部挺直。

❷ 下半身姿勢保持不變,上身向右側轉動,同時將啞鈴移至身體右側,稍作停頓。

鍛鍊目標
- 核心

使用器材
- 啞鈴、瑜伽墊

級別
- 中級

呼吸提示
- 旋轉時呼氣,還原時吸氣

益處
- 鍛鍊核心肌群
- 提高核心穩定性

注意 ⚠
- 腰部若感不適,暫不建議做此訓練

❸ 下半身姿勢保持不變,上身向左扭轉,同時將啞鈴移至身體左側,稍作停頓。

- **避免**
  上半身過度後仰

- **正確做法**
  背部挺直,核心收緊
  肩部和手臂固定

❹ 回復至起始姿勢,重複完成指定的次數。

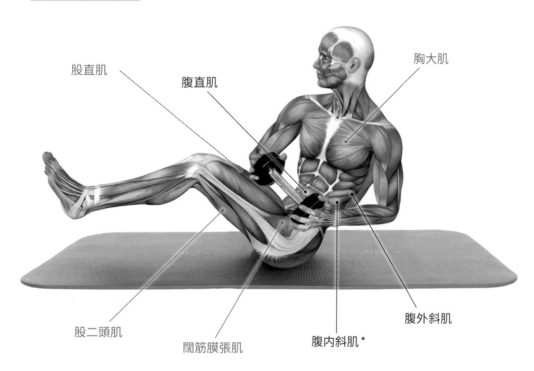

股直肌

腹直肌

胸大肌

股二頭肌

闊筋膜張肌

腹內斜肌 *

腹外斜肌

第 4 章

核心訓練

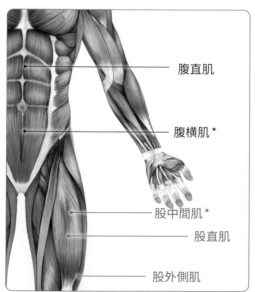

腹直肌

腹橫肌 *

股中間肌 *

股直肌

股外側肌

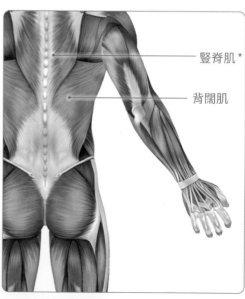

豎脊肌 *

背闊肌

抗力球前推

❶跪在抗力球前方，雙手
置於球上，雙手位置與
髖部同高。雙腿分開，
雙膝間距與肩同寬。

鍛鍊目標
- 核心
- 背部

使用器材
- 抗力球、瑜伽墊

級別
- 中級

呼吸提示
- 身體下降時吸氣，
  上抬時呼氣

益處
- 增強核心穩定性
- 鍛鍊核心肌群

注意 ⚠
- 肩部若感不適，暫不
  建議做此訓練

❷慢慢將抗力球向前滾動，同時
伸展身體至最大幅度，保持背
部挺直，膝蓋保持穩定。

- **避免**

臀部向上抬高
背部向上弓起

- **正確做法**

腳尖始終不離地面
背部保持平直
核心收緊

❸利用核心和下背部肌肉
將球拉回起始姿勢。
重複完成指定的次數。

◆ 圖解說明

黑字為主要鍛鍊肌肉

灰字為輔助鍛鍊肌肉

* 為深層肌肉

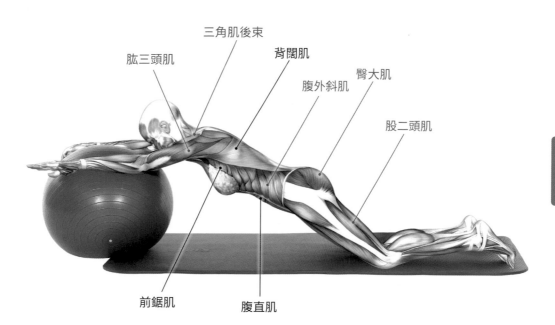

三角肌後束

肱三頭肌

背闊肌

腹外斜肌

臀大肌

股二頭肌

前鋸肌

腹直肌

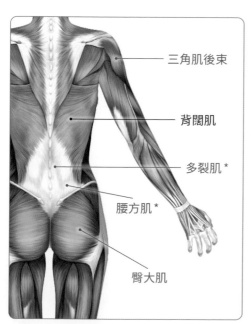

三角肌後束

背闊肌

多裂肌 *

腰方肌 *

臀大肌

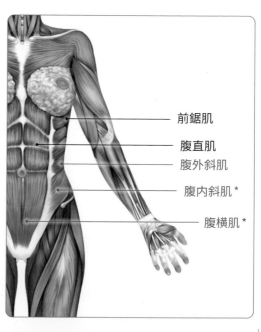

前鋸肌

腹直肌

腹外斜肌

腹內斜肌 *

腹橫肌 *

抗力球轉肩

- **避免**

雙腳移動

背部彎曲

❶ 俯臥於抗力球上，背部挺直，胸部不能貼在球上，雙手置於頭後。雙腳分開與肩同寬，以腳尖撐地。

- **正確做法**

臀部收緊

背部挺直

❷ 保持挺胸直背，軀幹向左側旋轉至最大程度。

❸ 再向右側扭轉身體至最大程度。回復至起始姿勢，重複完成指定的次數。

鍛鍊目標

- 核心
- 背部

使用器材

- 抗力球、瑜伽墊

級別

- 中級

呼吸提示

- 全程均勻呼吸

益處

- 強化核心肌群
- 強化背部肌群

注意 ⚠

- 背部若感不適，暫不建議做此訓練

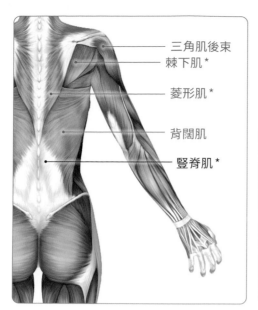

三角肌後束
棘下肌 *
菱形肌 *
背闊肌
豎脊肌 *

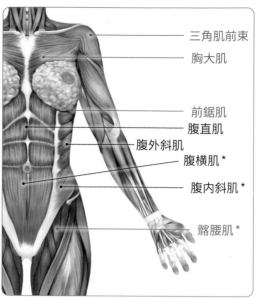

三角肌前束
胸大肌
前鋸肌
腹直肌
腹外斜肌
腹橫肌 *
腹內斜肌 *
髂腰肌 *

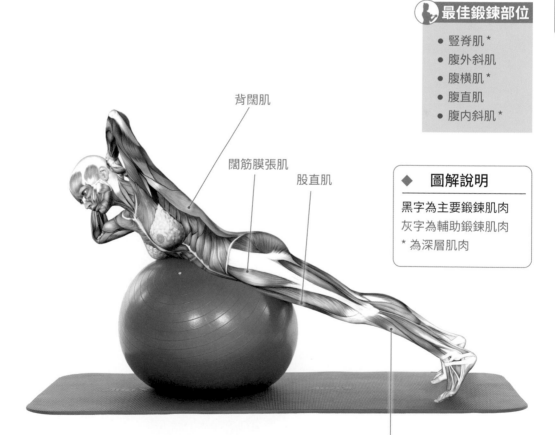

背闊肌
闊筋膜張肌
股直肌
脛前肌

最佳鍛鍊部位

- 豎脊肌 *
- 腹外斜肌
- 腹橫肌 *
- 腹直肌
- 腹內斜肌 *

◆ **圖解說明**

黑字為主要鍛鍊肌肉
灰字為輔助鍛鍊肌肉
* 為深層肌肉

抗力球側臥轉肩

鍛鍊目標
- 核心

使用器材
- 抗力球

級別
- 高級

呼吸提示
- 全程均勻呼吸

益處
- 鍛鍊核心肌群
- 提高核心穩定性

注意 ⚠
- 腰部若感不適，
  暫不建議做此訓練

❶ 呈側臥姿勢，核心側邊支撐於抗力球上，雙腳前後分開固定在牆邊，位於上方的腳在後，另一腳則在前，雙腿伸直，雙臂展開如同側平舉，保持身體從頭部至髖部呈一條直線。

- **避免**

  軀幹後仰

  肩部上聳

- **正確做法**

  背部挺直，核心收緊

  雙臂展開伸直

❷ 維持腿部穩定，軀幹扭轉至面部朝上，雙臂始終保持側平舉姿勢。回復至起始姿勢，重複完成指定的次數，對側亦然。

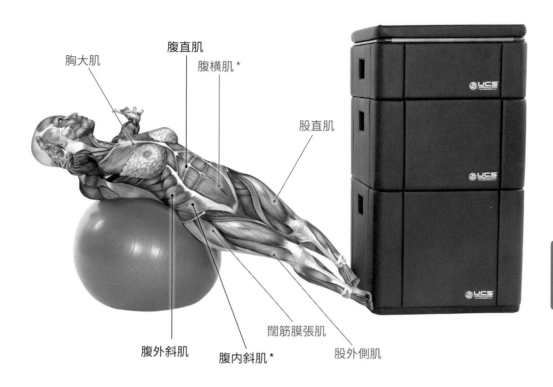

胸大肌

腹直肌

腹橫肌 *

股直肌

腹外斜肌

腹內斜肌 *

闊筋膜張肌

股外側肌

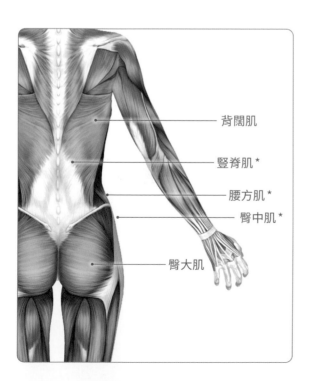

背闊肌

豎脊肌 *

腰方肌 *

臀中肌 *

臀大肌

最佳鍛鍊部位

- 腹直肌
- 腹外斜肌
- 腹內斜肌 *

◆　圖解說明

黑字為主要鍛鍊肌肉
灰字為輔助鍛鍊肌肉
* 為深層肌肉

藥球側向伐木

示範影片

❶ 呈站姿，雙腳分開略比肩寬，雙手緊握藥球，手臂略微彎曲，將藥球置於腹部前方。

❷ 保持雙腳位置不變，向左側轉身，雙臂順勢向左上方推舉藥球至頭頂左側。

鍛鍊目標
- 核心

使用器材
- 藥球、瑜伽墊

級別
- 初級

呼吸提示
- 砸球時呼氣

益處
- 鍛鍊側腹核心旋轉

注意 ⚠
- 背部或肩部若感不適，暫不建議做此訓練

❸ 核心發力，向右側轉身，雙臂隨之向右下方砸藥球。重複完成指定的次數，對側亦然。

- **正確做法**
  核心收緊，軀幹挺直

- **避免**
  背部扭曲幅度過大

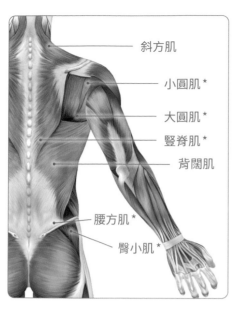

斜方肌

小圓肌 *

大圓肌 *

豎脊肌 *

背闊肌

腰方肌 *

臀小肌 *

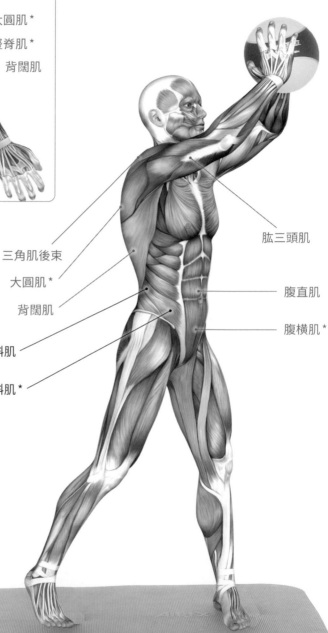

肱三頭肌

腹直肌

腹橫肌 *

三角肌後束

大圓肌 *

背闊肌

腹外斜肌

腹內斜肌 *

◆　**圖解說明**

黑字為主要鍛鍊肌肉

灰字為輔助鍛鍊肌肉

* 為深層肌肉

第 4 章　核心訓練

仰臥交叉提膝

示範影片

❶ 仰臥於 BOSU 球曲面，核心收緊，屈髖、屈膝呈90度角。
雙臂於胸前伸直。

鍛鍊目標
● 核心

使用器材
● BOSU 球

級別
● 高級

呼吸提示
● 全程均勻呼吸

益處
● 強化核心肌群

注意 ⚠
● 腰背部若感不適， 　暫不建議做此訓練

❷ 右側手向頭頂移動，左側腿伸直。

- 避免

交替速度過快
身體向兩側偏轉

❸ 保持身體穩定，換至對側。雙側交替，
重複完成指定的次數。

- 正確做法

核心收緊
背部保持平直

◆ 圖解說明

黑字為主要鍛鍊肌肉

灰字為輔助鍛鍊肌肉

* 為深層肌肉

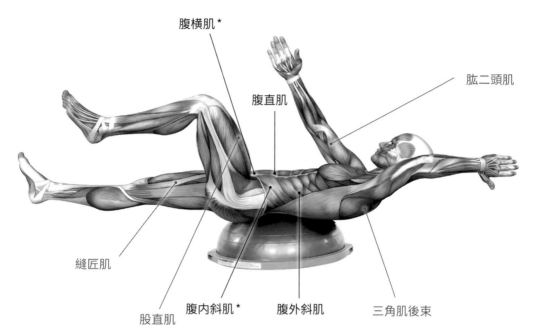

腹橫肌 *

腹直肌

肱二頭肌

縫匠肌

股直肌

腹內斜肌 *

腹外斜肌

三角肌後束

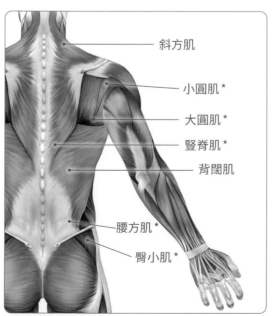

斜方肌

小圓肌 *

大圓肌 *

豎脊肌 *

背闊肌

腰方肌 *

臀小肌 *

小提示

若難以保持穩定，可適當縮短四肢的動作幅度。

雙臂旋轉上拉

示範影片

❶ 呈站姿,雙腳打開與肩同寬。右腳踩住彈力帶中間位置,同時雙手交叉握緊彈力帶兩端,上身轉向彈力帶側。

❷ 保持雙臂伸展,身體轉動至面朝前方並目視前方,雙手順勢拉伸彈力帶到胸前高度。

鍛鍊目標
- 核心
- 肩部

使用器材
- 彈力帶

級別
- 中級

呼吸提示
- 旋轉上拉時呼氣,回復時吸氣

益處
- 鍛鍊核心肌群力量

注意 ⚠
- 下背或肩部若感不適,暫不建議做此訓練

- **避免**
  腳跟隨著身體旋轉而離地
  肩部上聳

- **正確做法**
  雙臂伸直
  核心收緊

❸ 上身繼續扭轉至左側,雙臂隨之朝斜上方45度拉伸彈力帶。回復至起始姿勢,重複完成指定的次數,對側亦然。

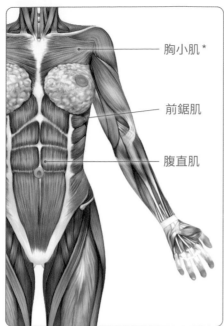

胸小肌 *

前鋸肌

腹直肌

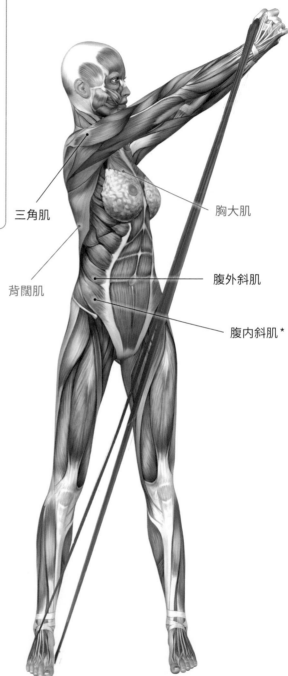

三角肌

背闊肌

胸大肌

腹外斜肌

腹内斜肌 *

最佳鍛鍊部位

- 腹外斜肌
- 腹内斜肌 *
- 三角肌

◆　圖解說明

黑字為主要鍛鍊肌肉
灰字為輔助鍛鍊肌肉
* 為深層肌肉

登山者

示範影片

鍛鍊目標
- 大腿
- 核心

使用器材
- 瑜伽墊

級別
- 初級

呼吸提示
- 屈髖時呼氣，還原時吸氣

益處
- 增強腹部與髖部肌肉力量

注意 ⚠
- 肩背若感不適，暫不建議做此訓練

❶ 呈伏地挺身姿勢，雙臂伸直支撐於肩部正下方，背部保持平直，核心收緊。雙手與肩同寬，雙腳併攏支撐於瑜伽墊上。

❷ 保持身體穩定，右腿屈髖、屈膝向上抬起至髖部下方。

❸ 動作不停，右腿還原後換左腿屈膝、屈髖向上抬起至髖部下方，雙腿交替運動，重複完成指定的次數。

- **避免**

  背部扭轉

  將力量壓在手腕上

- **正確做法**

  雙腿交替連貫

  核心收緊

最佳鍛鍊部位

- 股直肌
- 腹直肌
- 髂腰肌 *

◆ 圖解說明

黑字為主要鍛鍊肌肉
灰字為輔助鍛鍊肌肉
* 為深層肌肉

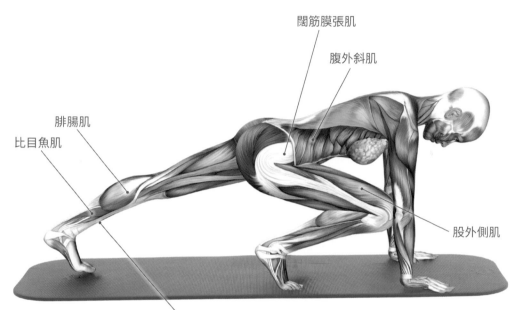

闊筋膜張肌

腹外斜肌

腓腸肌

比目魚肌

股外側肌

脛前肌

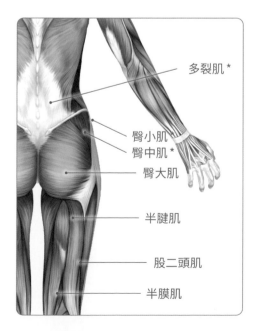

多裂肌 *

臀小肌
臀中肌 *

臀大肌

半腱肌

股二頭肌

半膜肌

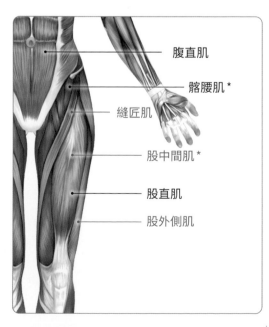

腹直肌

髂腰肌 *

縫匠肌

股中間肌 *

股直肌

股外側肌

抗力球抬腿轉髖

示範影片

❶ 呈仰臥姿，雙腿分開與肩同寬，將抗力球夾在腳跟與腿後肌之間。雙臂位於身體兩側，掌心向下。

鍛鍊目標
- 核心
- 背部

使用器材
- 抗力球、瑜伽墊

級別
- 中級

呼吸提示
- 全程均勻呼吸

益處
- 增強核心肌群穩定性
- 鍛鍊核心肌群

注意 ⚠
- 腰部若感不適，暫不建議做此訓練

❷ 雙腿夾球向左轉動髖部至最大幅度，上身保持不動。

❸ 回復至起始姿勢後，改向右側轉髖。兩側交替，重複完成指定的次數。

- **避免**

頭部抬離地面

手臂離開地面

- **正確做法**

肩部保持放鬆

核心收緊，背部平直

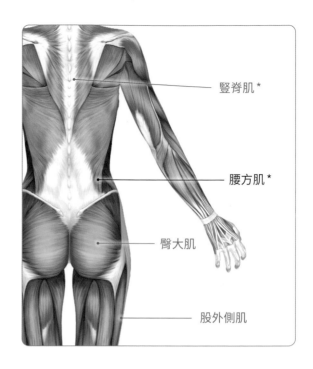

- 腰方肌 *
- 腹直肌
- 腹外斜肌
- 腹內斜肌 *

◆　圖解說明

黑字為主要鍛鍊肌肉
灰字為輔助鍛鍊肌肉
* 為深層肌肉

豎脊肌 *

腰方肌 *

臀大肌

股外側肌

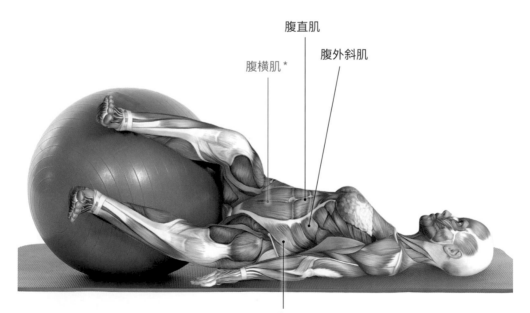

腹直肌

腹外斜肌

腹橫肌 *

腹內斜肌 *

夾球轉髖

示範影片

❶ 小腿置於抗力球兩側偏上位置，雙手撐地呈伏地挺身姿勢，雙手支撐於肩部正下方，身體從頭到腳大致呈一條直線。

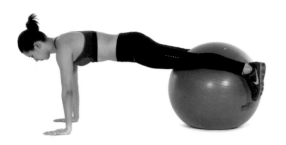

❷ 雙臂維持不動，髖部與雙腿夾住球向右側旋轉約45度。

鍛鍊目標
- 核心
- 肩部

使用器材
- 抗力球

級別
- 高級

呼吸提示
- 全程均勻呼吸

益處
- 鍛鍊核心肌群
- 增強核心肌群穩定性

注意 ⚠
- 髖部若感不適，暫不建議做此訓練

❸ 回復起始姿勢後，改向左側轉髖。如此兩側交替，完成指定的次數。

- 避免
  轉髖幅度過大
  腕部壓力過大

- 正確做法
  核心收緊
  背部保持平直

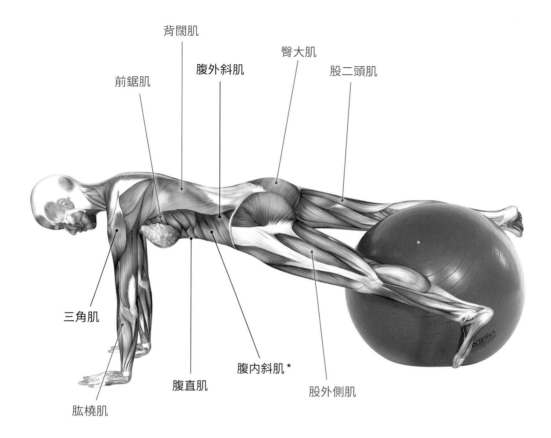

背闊肌

前鋸肌

腹外斜肌

臀大肌

股二頭肌

三角肌

肱橈肌

腹直肌

腹內斜肌 *

股外側肌

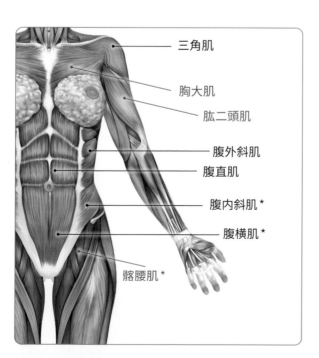

三角肌

胸大肌

肱二頭肌

腹外斜肌

腹直肌

腹內斜肌 *

腹橫肌 *

髂腰肌 *

最佳鍛鍊部位

- 腹外斜肌
- 腹內斜肌 *
- 腹直肌
- 腹橫肌 *
- 三角肌

◆ 圖解說明

黑字為主要鍛鍊肌肉
灰字為輔助鍛鍊肌肉
* 為深層肌肉

仰臥夾球兩頭起

示範影片

❶ 仰臥於墊上，雙腿伸直，將抗力球夾在雙腳之間，雙臂伸直置於頭頂。

鍛鍊目標
- 核心
- 髖部
- 腿部

使用器材
- 抗力球、瑜伽墊

級別
- 中級

呼吸提示
- 全程均勻呼吸

益處
- 提高身體協調性
- 增強核心穩定性

注意 ⚠
- 下背若感不適，暫不建議做此訓練

❷ 同時抬起雙腿與上半身，讓手腳盡量靠近，並用雙手扶球。

- **避免**

利用身體擺動的慣性
雙腿彎曲

- **正確做法**

核心收緊
下背緊貼墊子

❸ 將抗力球從雙腿傳至雙手，四肢放回地面，雙臂伸直置於頭頂。接著再反向從雙手傳回雙腳，重複完成指定的次數。

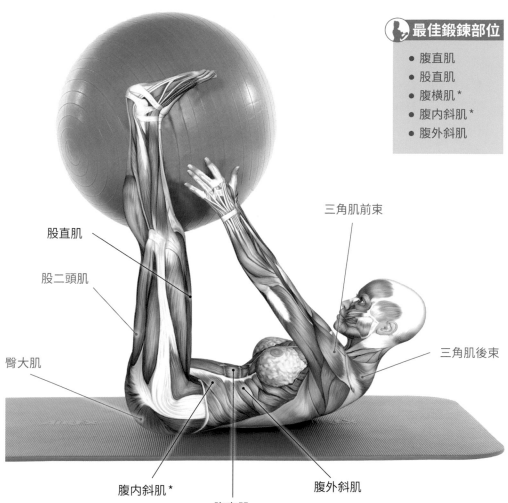

- 腹直肌
- 股直肌
- 腹橫肌 *
- 腹內斜肌 *
- 腹外斜肌

股直肌

股二頭肌

臀大肌

三角肌前束

三角肌後束

腹內斜肌 *

腹外斜肌

腹直肌

◆　圖解說明

黑字為主要鍛鍊肌肉
灰字為輔助鍛鍊肌肉
* 為深層肌肉

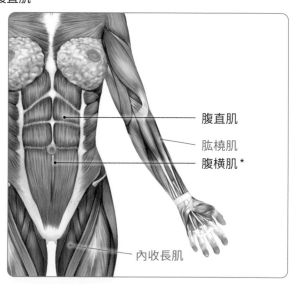

腹直肌

肱橈肌

腹橫肌 *

內收長肌

第 4 章

核心訓練

直腿仰臥舉腿

示範影片

❶ 仰臥在瑜伽墊上，雙腳間夾一個啞鈴並停在地面。
雙手放在身體兩側。

鍛鍊目標
- 核心
- 大腿

使用器材
- 啞鈴、瑜伽墊

級別
- 中級

呼吸提示
- 抬起時呼氣，放下
  時吸氣

益處
- 鍛鍊核心肌群

注意 ⚠
- 腰背若有不適，暫
  不建議做此訓練

❷ 保持膝關節伸直，向上抬腿至與地面
約呈45度角的位置，稍作停頓。

❸ 回復至起始姿勢，重複完成指定的次數。

- **避免**
  抬起與放下雙腿過猛

- **正確做法**
  核心收緊
  雙腿維持伸直

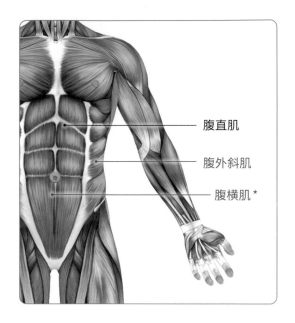

最佳鍛鍊部位

- 腹直肌
- 股直肌

腹直肌

腹外斜肌

腹橫肌 *

◆ 圖解說明

黑字為主要鍛鍊肌肉
灰字為輔助鍛鍊肌肉
* 為深層肌肉

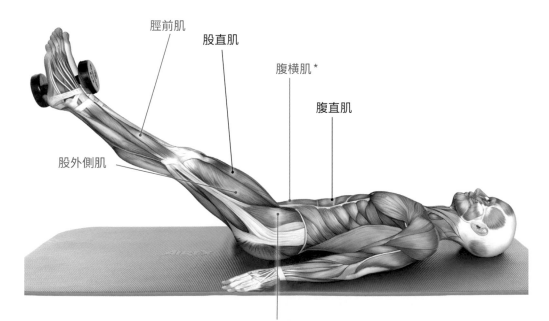

脛前肌

股直肌

腹橫肌 *

腹直肌

股外側肌

闊筋膜張肌

第4章

核心訓練

單腿 V 字兩頭起

示範影片

❶ 仰臥在瑜伽墊上，雙手握住一個啞鈴置於頭頂，手臂伸直放在地面。右腿屈髖、屈膝，以腳掌踩地。

鍛鍊目標
● 核心
● 腿部

使用器材
● 啞鈴、瑜伽墊

級別
● 高級

呼吸提示
● 全程均勻呼吸

益處
● 強化核心肌群力量
● 增強核心穩定性

注意 ⚠
● 腰部、肩部若感不適，暫不建議做此訓練

❷ 向上捲腹，抬起左腿，與身體呈 V 字形。

- **避免**
  手臂彎曲
  背部弓起

❸ 緩緩恢復至起始姿勢，重複完成指定的次數，對側亦然。

- **正確做法**
  核心收緊
  頸部伸直

最佳鍛鍊部位

- 腹直肌
- 股直肌
- 股內側肌
- 股外側肌
- 股中間肌 ＊

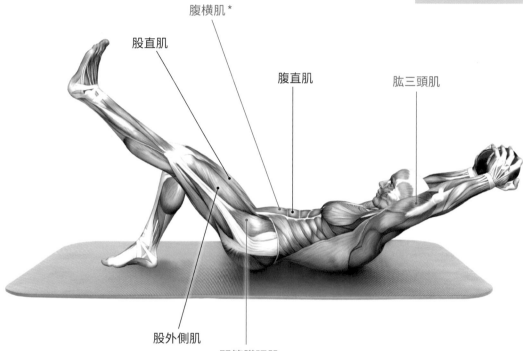

腹橫肌 ＊

股直肌

腹直肌

肱三頭肌

股外側肌

闊筋膜張肌

第4章

核心訓練

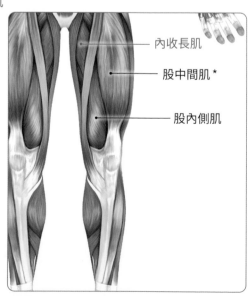

內收長肌

股中間肌 ＊

股內側肌

☀ **小提示**

動作時要保持均勻的呼吸。屈腿
的腳要踩穩地面。

仰臥兩頭起

❶身體呈仰臥姿，雙腿伸直向兩側打開，並向上略微抬起，雙臂伸直上抬於頭部上方。

鍛鍊目標
- 核心
- 大腿

使用器材
- 瑜伽墊

級別
- 中級

呼吸提示
- 手腳舉起時呼氣，還原時吸氣

益處
- 強化核心肌群
- 提高核心穩定性

注意 ⚠
- 下背若感不適，暫不建議做此訓練

● 避免
雙腿彎曲
動作速度過快

● 正確做法
核心收緊
四肢懸空，協調一致

❷核心收緊，雙腿和雙臂同時向上抬起，雙手碰觸小腿。回復至起始姿勢，重複完成指定的次數。

◆ **圖解說明**

黑字為主要鍛鍊肌肉
灰字為輔助鍛鍊肌肉
* 為深層肌肉

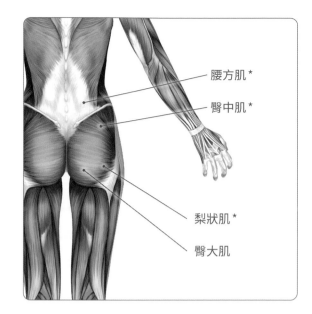

腰方肌 *

臀中肌 *

梨狀肌 *

臀大肌

最佳鍛鍊部位

● 腹直肌
● 股直肌

股外側肌

股直肌

肱三頭肌

闊筋膜張肌

背闊肌

腹橫肌 *　腹內斜肌 *　腹直肌

單車式捲腹

示範影片

❶身體呈仰臥姿，雙腿伸直並向上略微抬起。雙臂伸直上抬於頭部上方。

❷核心收緊，雙腿屈膝向上方抬起，同時上身也抬起且將雙手輕觸耳側。

❸上身向左側扭轉，讓右手肘碰觸左膝，雙腿做騎單車踏板動作。

鍛鍊目標
● 核心
使用器材
● 瑜伽墊
級別
● 中級
呼吸提示
● 全程均勻呼吸
益處
● 提高核心穩定性
注意 ⚠
● 背部若感不適，暫不建議做此訓練

● **避免**
雙腿交替速度過快

● **正確做法**
核心收緊
手腳保持懸空

❹接著，上身向右側扭轉，用左手肘碰觸右膝。如此兩側交替，重複完成指定的次數。

第4章
核心訓練

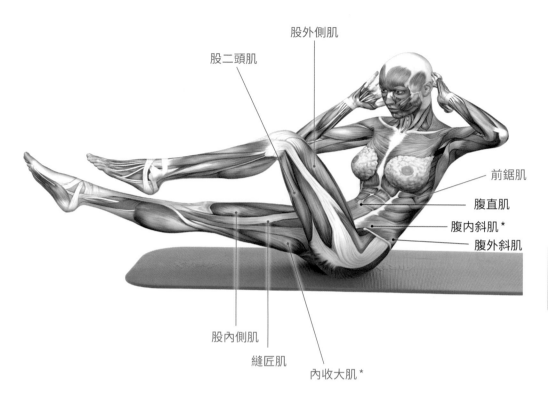

股外側肌

股二頭肌

前鋸肌

腹直肌

腹內斜肌 *

腹外斜肌

股內側肌

縫匠肌

內收大肌 *

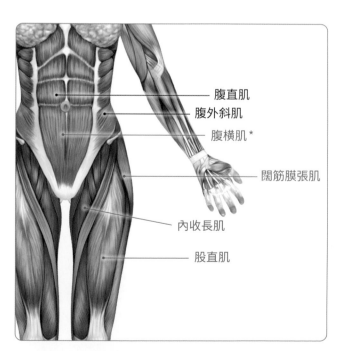

腹直肌

腹外斜肌

腹橫肌 *

闊筋膜張肌

內收長肌

股直肌

最佳鍛鍊部位

- 腹直肌
- 腹內斜肌 *
- 腹外斜肌

◆　**圖解說明**

黑字為主要鍛鍊肌肉
灰字為輔助鍛鍊肌肉
* 為深層肌肉

仰臥高舉腿

示範影片

❶ 由仰臥姿開始，平躺在瑜伽墊上，雙腿伸直
併攏，雙臂放在身體兩側。

鍛鍊目標
- 核心
- 大腿

使用器材
- 瑜伽墊

級別
- 初級

呼吸提示
- 舉腿時呼氣，還原時吸氣

益處
- 提高核心穩定性
- 增強核心肌群力量

注意 ⚠
- 頸部若感不適，暫不建議做此訓練

● 避免

雙腿下落時太快
身體左右擺動

● 正確做法

雙腿保持伸直
雙腿需在控制速度下放下

---

❷ 以核心出力，帶動伸直的雙腿
向上抬起，同時下背也順勢抬
離地面，稍作停頓。雙腿在控
制下回到起始姿勢，重複完成
指定的次數。

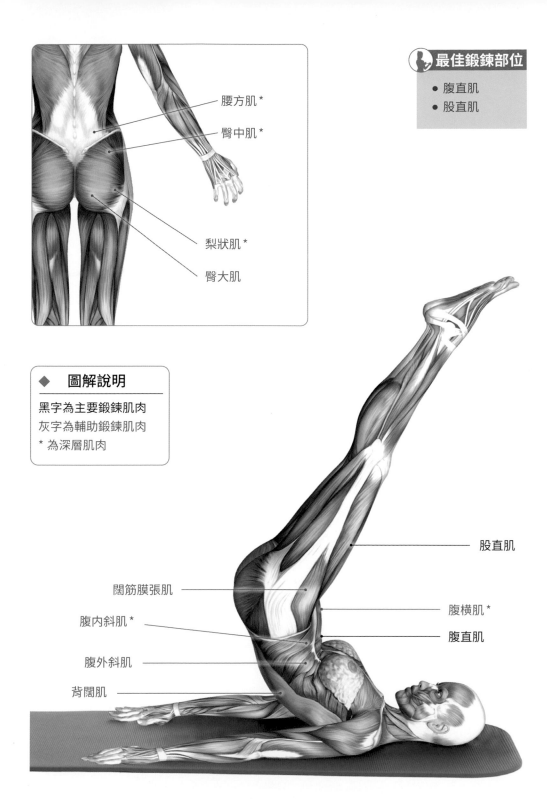

腰方肌 *

臀中肌 *

梨狀肌 *

臀大肌

◆ 圖解說明

黑字為主要鍛鍊肌肉
灰字為輔助鍛鍊肌肉
* 為深層肌肉

股直肌

闊筋膜張肌

腹橫肌 *

腹直肌

腹內斜肌 *

腹外斜肌

背闊肌

第4章

核心訓練

仰臥交替抬腿

示範影片

① 仰臥於瑜伽墊上，雙腿屈膝呈90度角，雙腳掌撐地。
雙臂伸直放在身體兩側。

- **避免**

肩部向上抬起
身體隨動作左右擺動

- **正確做法**

核心收緊
控制動作頻率
腿部懸空

② 雙臂伸直指向斜上方，雙腿抬離
地面，左腿伸直，右腿屈膝。

鍛鍊目標
● 核心
● 腿部
使用器材
● 瑜伽墊
級別
● 高級
呼吸提示
● 全程均勻呼吸
益處
● 增強核心穩定性
● 鍛鍊腹部肌群
注意 ⚠
● 髖部若感不適，暫 不建議做此訓練

③ 核心出力，換右腿伸直，左腿屈膝。如此雙腿交替，
重複完成指定的次數。

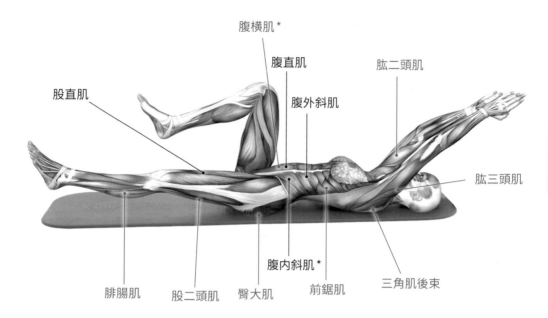

最佳鍛鍊部位

- 腹直肌
- 腹內斜肌 *
- 股直肌
- 腹外斜肌

◆ 圖解說明

黑字為主要鍛鍊肌肉
灰字為輔助鍛鍊肌肉
* 為深層肌肉

腹橫肌 *

腹直肌

肱二頭肌

股直肌

腹外斜肌

肱三頭肌

腓腸肌

股二頭肌

臀大肌

腹內斜肌 *

前鋸肌

三角肌後束

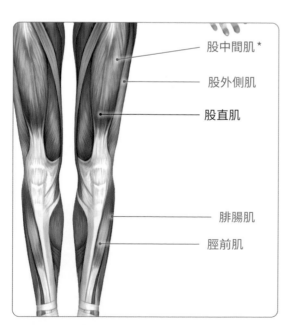

股中間肌 *

股外側肌

股直肌

腓腸肌

脛前肌

☀ 小提示

雙腿交替時，要注意身體的協調
性，不要左右大幅扭轉。

過頂砸球

示範影片

❶ 身體直立，雙腳張開略比肩寬，雙手緊握藥球，手臂略微彎曲，將藥球置於腹部前方。

❷ 雙臂向上推舉藥球至頭頂上方，肘部可略微彎曲。

第4章
核心訓練

鍛鍊目標
- 核心
- 背部

使用器材
- 藥球

級別
- 初級

呼吸提示
- 砸球時呼氣，回復時吸氣

益處
- 增強雙臂力量
- 增強身體爆發力

注意 ⚠
- 肩部若感不適，暫不建議做此訓練

❸ 軀幹向前微屈，雙臂以最大力量快速將藥球下砸至身前。重複完成指定的次數。

- **避免**
  後背弓起
  腰部、核心鬆垮

- **正確做法**
  上身保持挺直
  核心收緊

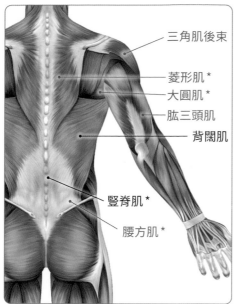

三角肌後束

菱形肌 *

大圓肌 *

肱三頭肌

背闊肌

豎脊肌 *

腰方肌 *

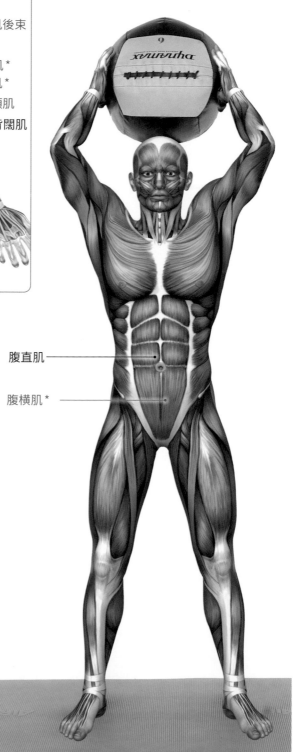

腹直肌

腹橫肌 *

最佳鍛鍊部位

- 腹直肌
- 背闊肌
- 豎脊肌 *

◆ 圖解說明

黑字為主要鍛鍊肌肉
灰字為輔助鍛鍊肌肉
* 為深層肌肉

壺鈴土耳其起身

示範影片

鍛鍊目標
- 肩部
- 背部
- 臀部

使用器材
- 壺鈴、瑜伽墊

級別
- 高級

呼吸提示
- 全程均勻呼吸

益處
- 增強身體協調性
- 增強核心肌群 ⚠

注意
- 肩部若感不適，暫不建議做此訓練

- **避免**

  起身時腕關節彎曲、壓力過大肘關節鎖死

- **正確做法**

  腿部屈曲後撤，以手臂支撐保持肩關節穩定

❶ 呈仰臥姿，左腿伸直，右腿屈膝約90度角，腳踩於地面。右手握壺鈴於胸部上方，右臂伸直且垂直地面。左臂撐地與身體約呈45度角，掌心朝下。

❷ 上身按照右肩、左肩、腰背的順序快速挺起離地，以左前臂支撐身體。

❶

❸ 上身挺起，挺胸直背，左手伸直撐地。

❹ 右腿及臀部用力，左側髖向上抬起，左手支撐地面，使身體從頭至左腳踝呈一條直線。

❷

❸

❹

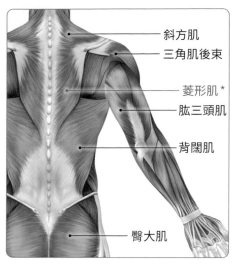

斜方肌

三角肌後束

菱形肌 *

肱三頭肌

背闊肌

臀大肌

最佳鍛鍊部位

- 斜方肌
- 三角肌前束和
  後束
- 肱三頭肌
- 背闊肌
- 臀大肌

◆　圖解說明

黑字為主要鍛鍊肌肉

灰字為輔助鍛鍊肌肉

* 為深層肌肉

❺左腿向後移動，單膝跪地。

❻左手推離地面，身體挺直，身體呈半跪姿勢。

❼站起呈基本站姿。按照原路回復至起始姿勢，
　完成指定的次數，對側亦然。

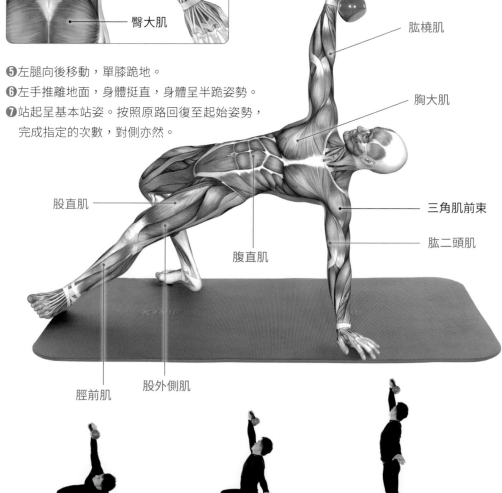

肱橈肌

胸大肌

股直肌

三角肌前束

肱二頭肌

腹直肌

脛前肌

股外側肌

❺

❻

❼

05

CHAPTER FIVE

第5章
下肢訓練

靠牆深蹲

示範影片

❶ 雙臂自然垂放身體兩側，抗力球夾在後背與牆面之間，呈現基本站姿，雙腿打開，雙肩併攏。

鍛鍊目標
- 臀部
- 核心
- 大腿

使用器材
- 抗力球

級別
- 初級

呼吸提示
- 身體下降時吸氣，上升時呼氣

益處
- 鍛鍊臀部肌肉
- 增強核心力量

注意 ⚠
- 髖部或膝關節若感不適，暫不建議做此訓練

- **避免**

  低頭塌腰

  蹲下時膝蓋超過腳尖

- **正確做法**

  核心收緊

  上身保持直立

❷ 保持身體穩定，向下蹲至大腿平行於地面，稍作停頓。回復至起始姿勢，重複完成指定的次數。

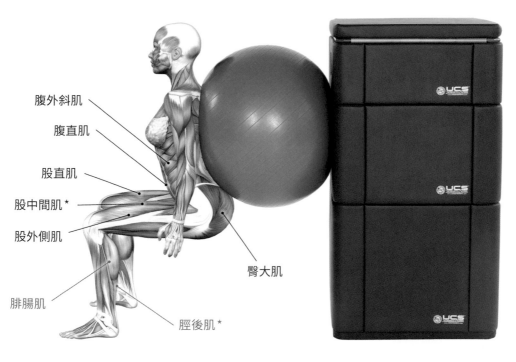

腹外斜肌

腹直肌

股直肌

股中間肌 *

股外側肌

腓腸肌

臀大肌

脛後肌 *

最佳鍛鍊部位

- 半腱肌
- 半膜肌
- 股外側肌
- 股二頭肌
- 股中間肌 *
- 股直肌
- 臀大肌
- 腹直肌
- 腹外斜肌

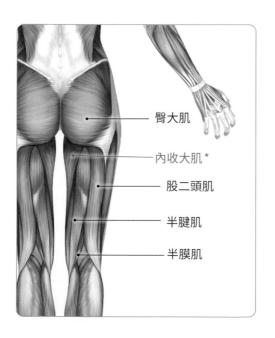

臀大肌

內收大肌 *

股二頭肌

半腱肌

半膜肌

◆ **圖解說明**

黑字為主要鍛鍊肌肉
灰字為輔助鍛鍊肌肉
* 為深層肌肉

槓鈴深蹲

示範影片

❶雙腳打開略比肩寬，槓鈴落於肩胛骨處（千萬不可壓到頸椎），雙手緊握槓鈴。

鍛鍊目標
- 大腿
- 臀部

使用器材
- 槓鈴

級別
- 中級

呼吸提示
- 全程均勻呼吸

益處
- 增加大腿肌肉力量

注意 ⚠
- 膝關節若感不適，暫不建議做此訓練

❷核心收緊，臀部往後坐，下蹲至大腿與地面平行，稍做停頓。回復至起始位置，重複完成指定的次數。

- 避免
  膝蓋過度前伸，超過腳尖

- 正確做法
  身體下蹲至大腿與地面平行

◆ **圖解說明**

黑字為主要鍛鍊肌肉
灰字為輔助鍛鍊肌肉
＊為深層肌肉

腹外斜肌
腹內斜肌＊
股直肌
股中間肌＊
股內側肌

腹直肌

股外側肌

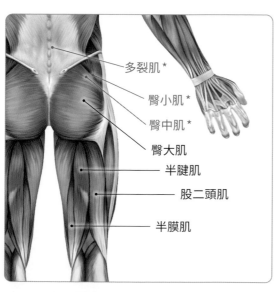

多裂肌＊
臀小肌＊
臀中肌＊
臀大肌
半腱肌
股二頭肌
半膜肌

最佳鍛鍊部位

- 股中間肌＊
- 股外側肌
- 股內側肌
- 股直肌
- 半腱肌
- 臀大肌
- 半膜肌
- 股二頭肌

第5章 下肢訓練

啞鈴弓步深蹲

示範影片

鍛鍊目標
- 大腿
- 臀部

使用器材
- 啞鈴

級別
- 中級

呼吸提示
- 下蹲時吸氣，站起時呼氣

益處
- 強化股四頭肌和臀部肌肉

注意 ⚠
- 膝關節若感不適，暫不建議做此訓練

● 避免
身體向側邊傾斜
膝關節超過腳尖

● 正確做法
軀幹保持直立
膝蓋與腳尖方向一致

---

❶ 呈基本站姿，雙手各握一個啞鈴，於身體兩側自然下垂。

❷ 左腳向前邁步，屈膝呈左弓步。

❸ 回復直立姿勢。

❹ 接著右腳向前邁步，屈膝呈右弓步。

❺ 回復直立姿勢。

❻ 保持身體穩定，雙腿屈膝向下深蹲。

❼ 回復至起始姿勢，重複完成指定的次數。

❶　　　❷　　　❸

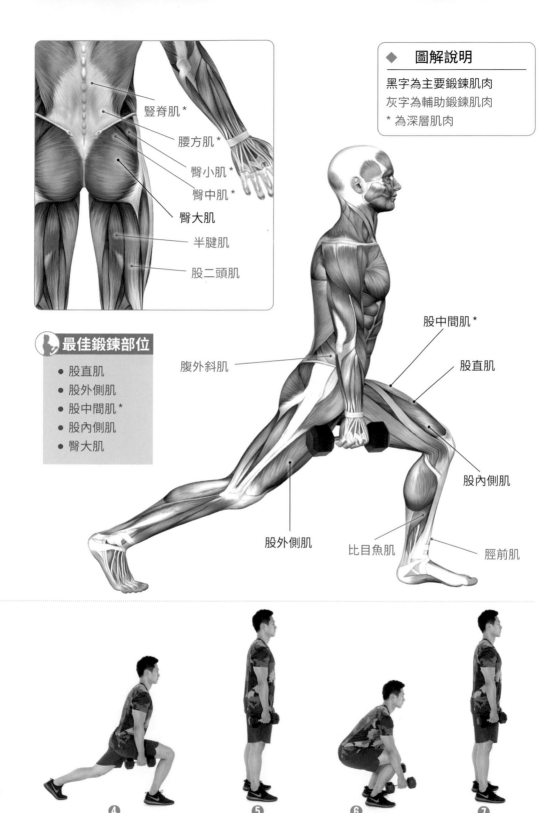

圖解說明

黑字為主要鍛鍊肌肉
灰字為輔助鍛鍊肌肉
* 為深層肌肉

豎脊肌 *
腰方肌 *
臀小肌 *
臀中肌 *
臀大肌
半腱肌
股二頭肌

最佳鍛鍊部位

- 股直肌
- 股外側肌
- 股中間肌 *
- 股內側肌
- 臀大肌

股中間肌 *
股直肌
腹外斜肌
股內側肌
股外側肌
比目魚肌
脛前肌

④ ⑤ ⑥ ⑦

第 5 章

下肢訓練

壺鈴深蹲

示範影片

❶ 雙手握壺鈴置於胸前，壺鈴底部
朝前。呈基本站姿，雙腳略比
肩寬。

❷ 雙腿屈膝，
保持背部挺直，
向下深蹲。

鍛鍊目標
- 大腿
- 臀部

使用器材
- 壺鈴

級別
- 中級

呼吸提示
- 下蹲時吸氣，站起
時呼氣

益處
- 增強股四頭肌和臀肌
的力量

注意　⚠
- 髖部若感不適，暫
不建議做此訓練

❸ 回復至起始姿勢，重複完成指定
的次數。

- 避免

膝蓋過度前伸，超過腳尖
膝蓋與腳的方向不一致

- 正確做法

下蹲至大腿與地面平行
軀幹與脛骨平行，勿過度
前傾

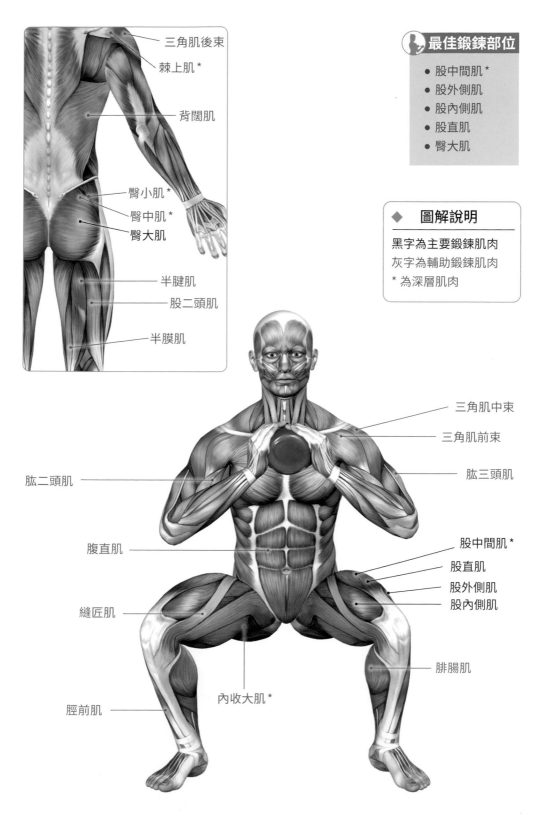

三角肌後束

棘上肌 *

背闊肌

臀小肌 *

臀中肌 *

臀大肌

半腱肌

股二頭肌

半膜肌

第 5 章

下肢訓練

最佳鍛鍊部位

- 股中間肌 *
- 股外側肌
- 股內側肌
- 股直肌
- 臀大肌

◆ **圖解說明**

黑字為主要鍛鍊肌肉

灰字為輔助鍛鍊肌肉

* 為深層肌肉

三角肌中束

三角肌前束

肱三頭肌

肱二頭肌

腹直肌

縫匠肌

脛前肌

內收大肌 *

股中間肌 *

股直肌

股外側肌

股內側肌

腓腸肌

BOSU球橋式

示範影片

❶仰臥於地上，BOSU球的曲面向上，雙腳踩在曲面上，膝蓋彎曲，雙手放於體側。

鍛鍊目標
- 核心
- 腿部
- 臀部

使用器材
- BOSU球

級別
- 高級

呼吸提示
- 全程均勻呼吸

益處
- 增強臀肌和腿後肌的力量與耐力

注意 ⚠
- 下背若感不適，暫不建議做此訓練

❷臀部抬起，至軀乾和大腿呈一條直線。

- 避免

雙膝內扣

髖部和背部下沉

- 正確做法

膝、髖、肩在最高點時應呈一條直線

核心收緊，軀幹保持中立位

❸回復至起始姿勢，重複完成指定的次數。

最佳鍛鍊部位

- 臀大肌
- 股二頭肌
- 半腱肌
- 半膜肌

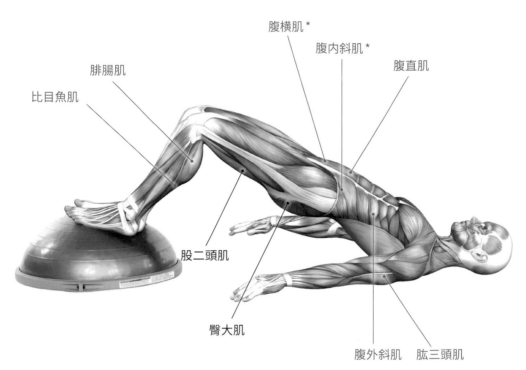

腹橫肌 *

腹內斜肌 *

腹直肌

腓腸肌

比目魚肌

股二頭肌

臀大肌

腹外斜肌　肱三頭肌

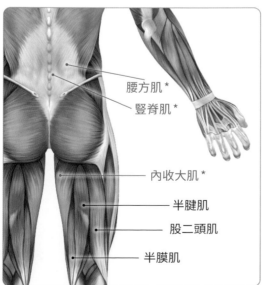

腰方肌 *

豎脊肌 *

內收大肌 *

半腱肌

股二頭肌

半膜肌

小提示

臀部肌肉緊收，以保持骨盆穩定，不要旋轉軀幹。

啞鈴相撲深蹲

示範影片

❶ 由站姿開始，雙腳分開略比肩寬，腳尖稍微朝外，雙手托住啞鈴於身前。

❷ 保持背部挺直，屈髖、屈膝下蹲。

- **避免**

  膝關節超過腳尖

  背部弓起前彎

- **正確做法**

  胸部前挺，雙肩後收

  核心收緊

  背部維持平直

鍛鍊目標
- 臀部
- 大腿

使用器材
- 啞鈴

級別
- 初級

呼吸提示
- 身體下降時吸氣，回復時呼氣

益處
- 強化臀部肌肉和大腿後側肌肉

注意 ⚠
- 下背若感不適，暫不建議做此訓練

❸ 屈髖下蹲至大腿與地面盡量平行，背部維持平直。然後臀部發力，髖部向前伸，回復到站立姿，重複完成指定的次數。

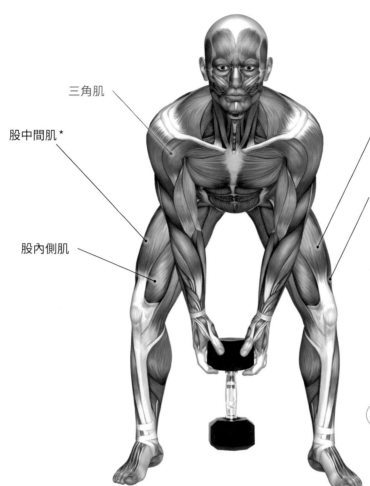

三角肌

股中間肌 *

股內側肌

股直肌

股外側肌

🏋 最佳鍛鍊部位

- 臀大肌
- 內收大肌 *
- 股直肌
- 股外側肌
- 股內側肌
- 股中間肌 *
- 半腱肌
- 股二頭肌
- 半膜肌

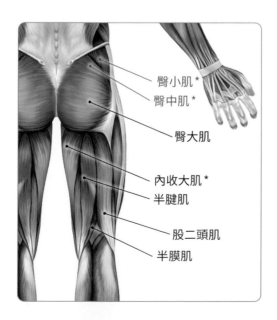

臀小肌 *

臀中肌 *

臀大肌

內收大肌 *

半腱肌

股二頭肌

半膜肌

◆　圖解說明

黑字為主要鍛鍊肌肉

灰字為輔助鍛鍊肌肉

* 為深層肌肉

保加利亞分腿蹲

❶ 呈站立姿勢，雙手握拳屈肘於胸前。後側腿以腳尖搭在訓練椅上，前腿伸直，重心靠前。

鍛鍊目標
● 臀部
● 大腿
使用器材
● 訓練椅
級別
● 高級
呼吸提示
● 站起時呼氣，下蹲時吸氣
益處
● 強化股四頭肌和臀部肌肉
注意 ⚠
● 膝關節若感不適，暫不建議做此訓練

● 避免	● 正確做法
身體向一側傾斜 背部彎曲前俯	膝蓋與腳尖方向一致 軀幹保持直立

❷ 保持身體穩定，前腿屈膝下蹲，稍作停頓。回復至起始姿勢，重複完成指定的次數，對側亦然。

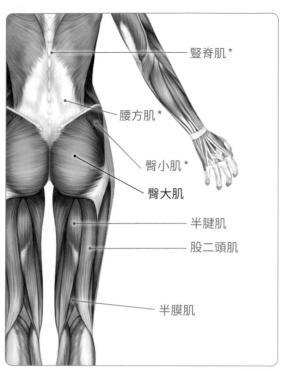

豎脊肌 *

腰方肌 *

臀小肌 *

臀大肌

半腱肌

股二頭肌

半膜肌

最佳鍛鍊部位

- 臀大肌
- 股直肌
- 股外側肌
- 股中間肌 *
- 股內側肌

◆　圖解說明

黑字為主要鍛鍊肌肉
灰字為輔助鍛鍊肌肉
* 為深層肌肉

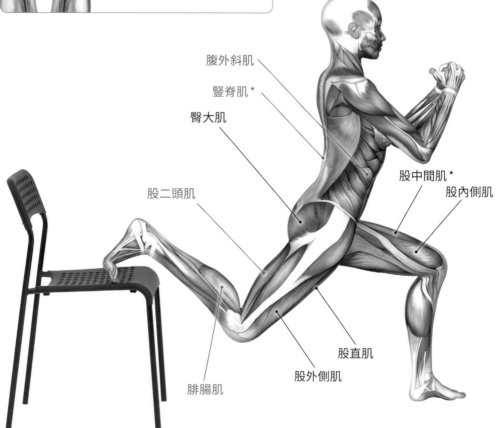

腹外斜肌

豎脊肌 *

臀大肌

股中間肌 *

股內側肌

股二頭肌

股直肌

股外側肌

腓腸肌

第5章

下肢訓練

寬腿深蹲

❶ 由站姿開始，雙腳間距約為兩倍肩寬，腳尖向外，雙手扶腰，目視前方。

❷ 雙腿屈膝下蹲，至大腿與地面平行，膝關節與腳尖方向保持一致。

鍛鍊目標
- 臀部
- 大腿

使用器材
- 徒手

級別
- 中級

呼吸提示
- 全程均勻呼吸

益處
- 強化臀部和大腿

注意 ⚠
- 膝關節若感不適，暫不建議做此訓練

❸ 回復至起始姿勢，重複完成指定的次數。

- 避免
  膝關節超過腳尖
  肩部上聳

- 正確做法
  核心收緊，腰背挺直蹲下時，軀幹需保持穩定

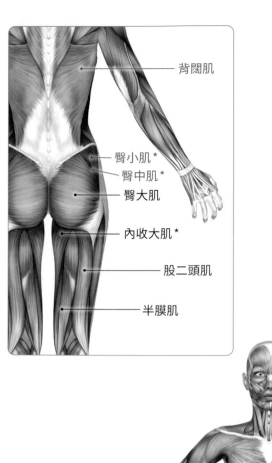

背闊肌

臀小肌 *
臀中肌 *
臀大肌

內收大肌 *

股二頭肌

半膜肌

◆　圖解說明

黑字為主要鍛鍊肌肉
灰字為輔助鍛鍊肌肉
* 為深層肌肉

最佳鍛鍊部位

- 臀大肌
- 股直肌
- 股內側肌
- 內收大肌 *
- 股二頭肌
- 半膜肌

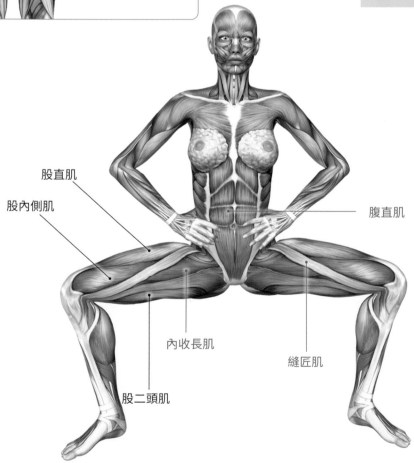

股直肌

股內側肌

腹直肌

內收長肌

縫匠肌

股二頭肌

第 5 章

下肢訓練

深蹲跳

示範影片

❶ 由站姿開始，雙臂伸直自然垂於身體兩側，雙腳間距略比肩寬。

❷ 保持背部挺直，屈髖、屈膝下蹲。雙臂伸直上抬至與肩齊平。

● 避免

落地時直膝重踩地面

鍛鍊目標

● 臀部
● 大腿

使用器材

● 徒手

級別

● 高級

呼吸提示

● 下蹲時吸氣，挑起時呼氣

益處

● 增強腿部肌肉力量
● 增加彈跳能力

注意

● 膝關節若感不適，暫不建議做此訓練

● 正確做法

後背挺直，挺胸抬頭
核心收緊
落地緩衝前，髖膝踝在一條直線上，並保持屈膝的彈性
蹲至臀部略高於膝關節處，然後迅速向上跳起

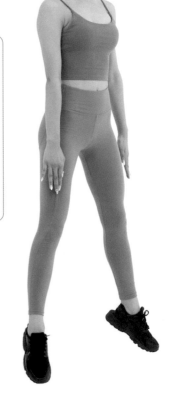

❸ 頂髖起身，向上跳起，雙臂順勢垂放身體兩側。雙腿稍微屈膝緩衝落地，重複完成指定的次數。

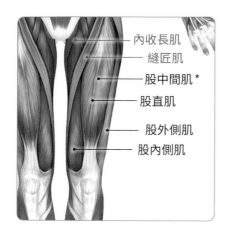

內收長肌
縫匠肌
股中間肌 *
股直肌
股外側肌
股內側肌

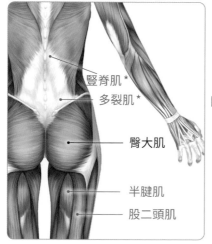

豎脊肌 *
多裂肌 *
臀大肌
半腱肌
股二頭肌

最佳鍛鍊部位

- 臀大肌
- 股中間肌 *
- 股外側肌
- 股內側肌
- 股直肌

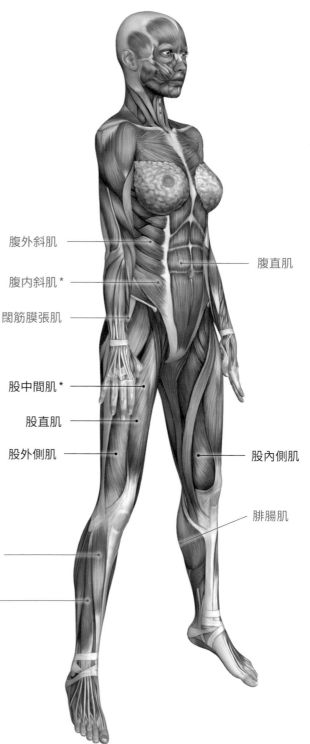

腹外斜肌
腹內斜肌 *
闊筋膜張肌
股中間肌 *
股直肌
股外側肌
脛前肌
伸趾長肌

腹直肌
股內側肌
腓腸肌

◆ 圖解說明

黑字為主要鍛鍊肌肉
灰字為輔助鍛鍊肌肉
* 為深層肌肉

貝殼練習

① 身體呈側臥姿，貼在地上的手臂彎曲置於頭部下方，上方手臂則放在胸前地面，雙腿併攏屈膝。

- 避免

  身體前後晃動

  骨盆轉動

- 正確做法

  背部挺直，核心收緊

  保持骨盆稍微前傾

② 核心和臀部收緊，保持雙腳接觸，髖部外側肌群出力使上方腿向上抬起，稍作停頓。

鍛鍊目標

- 臀部

使用器材

- 瑜伽墊

級別

- 初級

呼吸提示

- 髖外旋時呼氣，還原時吸氣

益處

- 鍛鍊臀部肌肉

注意

- 髖關節若感不適，暫不建議做此訓練

③ 回復至起始姿勢，重複完成指定的次數，對側亦然。

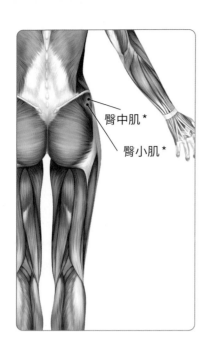

臀中肌 *

臀小肌 *

◆ 　圖解說明

黑字為主要鍛鍊肌肉

灰字為輔助鍛鍊肌肉

* 為深層肌肉

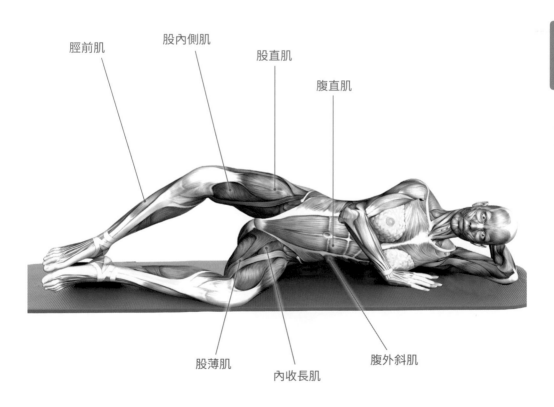

脛前肌

股內側肌

股直肌

腹直肌

股薄肌

內收長肌

腹外斜肌

蚌式支撐

示範影片

❶ 身體呈側臥姿，左手撐地，右手扶髖。
雙腿屈膝，腳跟併攏。

❷ 臀部出力，將髖部抬離地面。

鍛鍊目標
● 髖部
● 大腿
使用器材
● 瑜伽墊
級別
● 中級

呼吸提示

● 膝關節外展時呼氣，
還原時吸氣

益處

● 鍛鍊臀部肌肉
● 增強核心穩定性

注意 ⚠

● 肩部或髖部若感不
適，暫不建議做此
訓練

● **避免**

肩膀上聳
髖部下沉

● **正確做法**

核心收緊，背部挺直
保持骨盆前傾

❸ 腰部與核心緊繃，臀部外側出力
將右腿膝關節向外打開。然後右
腿再回到左腿上，重複完成指定
的次數，對側亦然。

◆　**圖解說明**

黑字為主要鍛鍊肌肉
灰字為輔助鍛鍊肌肉
* 為深層肌肉

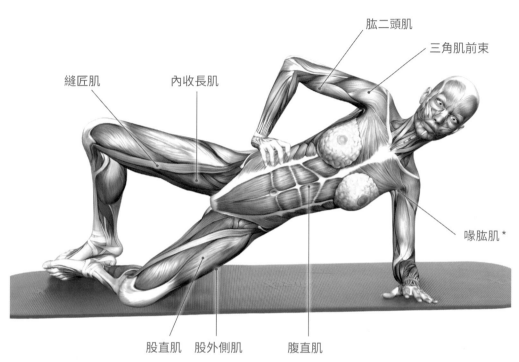

肱二頭肌

三角肌前束

縫匠肌

內收長肌

喙肱肌 *

股直肌　股外側肌　腹直肌

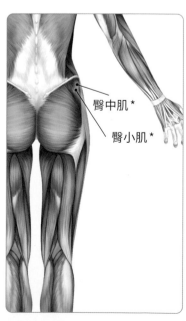

臀中肌 *

臀小肌 *

小提示

運動過程中，保持背部打直，脊柱
不要側彎或前彎。

啞鈴直腿硬舉

示範影片

- **避免**

  彎腰弓背

  上拉的速度過快

- **正確做法**

  背部維持平直

  核心收緊

  從髖關節前彎

❶ 雙手握住啞鈴呈站姿，雙腳與肩同寬。屈髖（不是彎腰）、上身前俯，雙腿伸直，將啞鈴垂放於小腿前方。

鍛鍊目標

- 大腿
- 臀部
- 核心

使用器材

- 啞鈴

級別

- 中級

呼吸提示

- 俯身時吸氣，回復時呼氣

益處

- 鍛鍊臀部和大腿後側肌肉

注意 ⚠

- 下背若感不適，暫不建議做此訓練

❷ 保持背部挺直，臀部施力挺髖，順勢向上提起啞鈴。

❸ 直到身體直立。重複完成指定的次數。

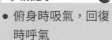

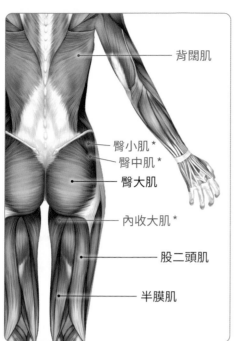

背闊肌

臀小肌 *
臀中肌 *
臀大肌

內收大肌 *

股二頭肌

半膜肌

最佳鍛鍊部位

- 臀大肌
- 股二頭肌
- 半膜肌

◆　圖解說明

黑字為主要鍛鍊肌肉
灰字為輔助鍛鍊肌肉
* 為深層肌肉

三角肌中束

肱二頭肌

股直肌

腹直肌
股內側肌

腹橫肌 *

單腿前俯

示範影片

❶ 由站立姿開始，上身挺直，雙臂自然垂於身體兩側（也可以手持啞鈴增加難度），右腿屈膝，腳尖點地。

● 避免

支撐腿屈膝
背部彎曲

● 正確做法

軀幹挺直
支撐腿始終保持伸直
前俯時後腿向後延伸

鍛鍊目標
● 臀部
● 大腿
● 核心

使用器材
● 徒手

級別
● 高級

呼吸提示
● 站起時呼氣，前俯時吸氣

益處
● 增強全身穩定性

注意 ⚠
● 下背若感不適，暫不建議做此訓練

❷ 保持支撐腿伸直，上身前俯至平行於地面，同時右腿伸直向後伸展，雙臂伸直與地面垂直，稍作停頓。回復起始姿勢，重複完成指定的次數，對側亦然。

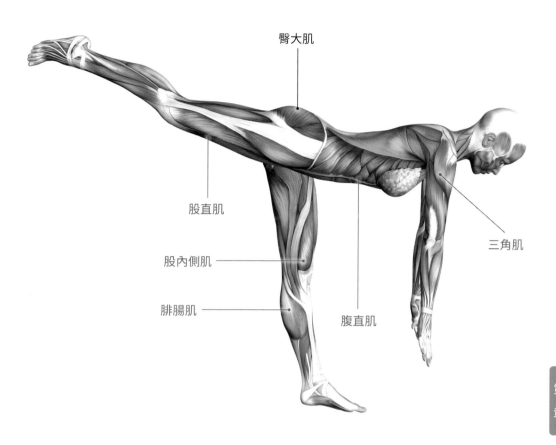

臀大肌

股直肌

股內側肌

腓腸肌

三角肌

腹直肌

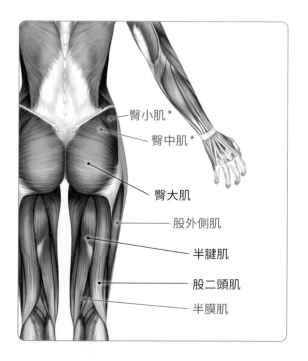

臀小肌 *

臀中肌 *

臀大肌

股外側肌

半腱肌

股二頭肌

半膜肌

最佳鍛鍊部位

- 臀大肌
- 股二頭肌
- 半腱肌

◆ **圖解說明**

黑字為主要鍛鍊肌肉
灰字為輔助鍛鍊肌肉
* 為深層肌肉

屈髖外擺

❶ 由站立姿開始，雙腳間距與肩同寬，雙手自然垂放身體兩側。

❷ 雙手扶髖，重心移至左腳，右腿屈膝抬起至大腿與地面平行。

- 避免
  身體隨腿部運動而出現轉動

- 正確做法
  核心收緊
  軀幹保持穩定
  下肢均速移動

鍛鍊目標
- 臀部
- 大腿

使用器材
- 徒手

級別
- 中級

呼吸提示
- 全程均勻呼吸

益處
- 提高髖部靈活度

注意 ⚠
- 髖部若感不適，暫不建議做此訓練

❸ 保持身體穩定，右腿以髖部為軸，外展至最大程度，稍作停頓後收回。重複完成指定的次數，對側亦然。

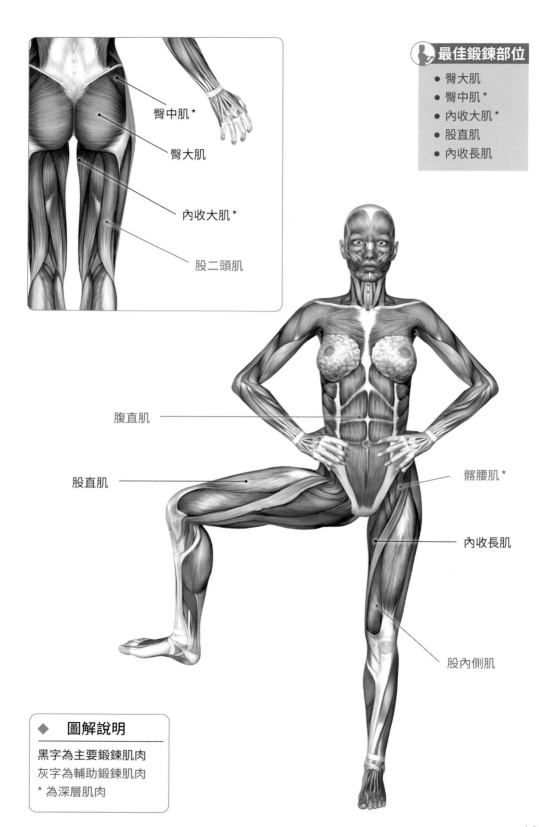

最佳鍛鍊部位

- 臀大肌
- 臀中肌 *
- 內收大肌 *
- 股直肌
- 內收長肌

臀中肌 *

臀大肌

內收大肌 *

股二頭肌

腹直肌

股直肌

髂腰肌 *

內收長肌

股內側肌

第5章

下肢訓練

◆ 圖解說明

黑字為主要鍛鍊肌肉
灰字為輔助鍛鍊肌肉
* 為深層肌肉

徒手蹲

示範影片

❶ 站姿雙腳與肩同寬，挺胸直背，核心收緊，雙臂前平舉與地面平行。

❷ 屈髖、雙腿屈膝下蹲至大腿與地面接近平行。

鍛鍊目標	
● 大腿	
使用器材	
● 徒手	
級別	
● 初級	
呼吸提示	
● 全程均勻呼吸	
益處	
● 增加大腿肌肉力量	
● 提高身體穩定性	
注意	
● 膝關節若感不適，暫不建議做此訓練	

❸ 回復至起始姿勢，重複完成指定的動作。

● 避免
膝關節超過腳尖

● 正確做法
核心收緊
雙腳緊貼地面

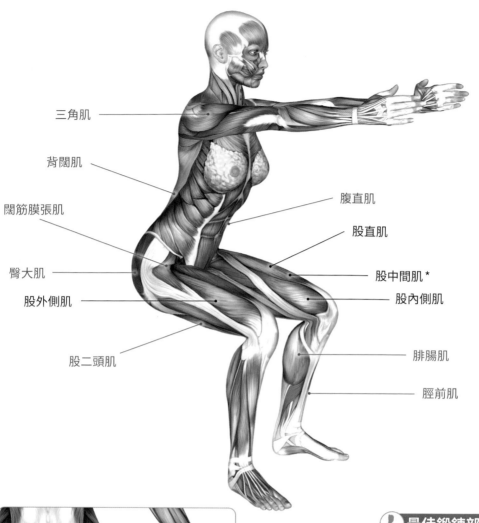

三角肌

背闊肌

闊筋膜張肌

臀大肌

股外側肌

股二頭肌

腹直肌

股直肌

股中間肌 *

股內側肌

腓腸肌

脛前肌

臀中肌 *

內收大肌 *

股二頭肌

半腱肌

半膜肌

最佳鍛鍊部位

- 股內側肌
- 股外側肌
- 股直肌
- 股中間肌 *

◆　**圖解說明**

黑字為主要鍛鍊肌肉
灰字為輔助鍛鍊肌肉
* 為深層肌肉

後弓步

示範影片

❶ 呈站姿，挺胸收腹，目視前方，雙手扶腰。

- **避免**

  前方腿的膝蓋超過腳尖

  雙膝向內扣

- **正確做法**

  核心收緊

  背部保持平直

鍛鍊目標
- 大腿
- 臀部

使用器材
- 徒手

級別
- 初級

呼吸提示
- 下蹲時吸氣，站起時呼氣

益處
- 強化股四頭肌和臀部肌肉

注意 ⚠
- 膝關節若感不適，暫不建議做此訓練

❷ 左腳後撤一大步，右腿屈膝呈弓步，維持此動作至指定的時間。

❸ 收左腳回復至起始姿勢，重複完成指定的次數，對側亦然。

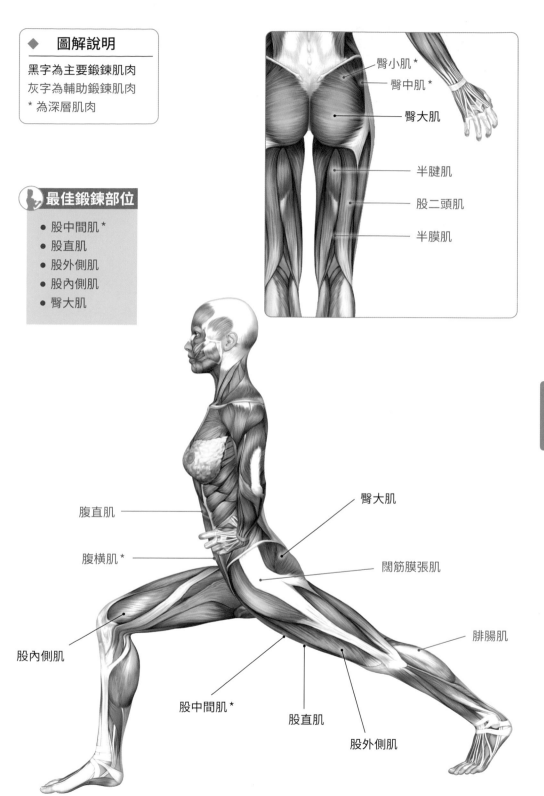

◆ **圖解說明**

黑字為主要鍛鍊肌肉
灰字為輔助鍛鍊肌肉
＊為深層肌肉

最佳鍛鍊部位

● 股中間肌＊
● 股直肌
● 股外側肌
● 股內側肌
● 臀大肌

臀小肌＊
臀中肌＊
臀大肌
半腱肌
股二頭肌
半膜肌

腹直肌
腹橫肌＊
股內側肌
股中間肌＊
股直肌
股外側肌
臀大肌
闊筋膜張肌
腓腸肌

側弓步

示範影片

❶ 呈站姿，挺胸直背，核心收緊，雙手自然垂放身體兩側。

❷ 雙臂向前伸直，保持右腿伸直，左腿向外跨一大步，屈髖、屈膝下蹲至左大腿與地面接近平行。

❸ 左腿蹬離地面快速站起，回復起始姿勢，完成指定的次數，對側亦然。

鍛鍊目標
- 臀部
- 大腿

使用器材
- 徒手

級別
- 中級

呼吸提示
- 下蹲時吸氣，站起時呼氣

益處
- 鍛鍊臀部和大腿肌肉
- 提高側向移動的穩定性

注意 ⚠️
- 髖部或膝關節若感不適，暫不建議做此訓練

- **避免**
膝蓋超過腳尖
圓背

- **正確做法**
核心收緊
背部保持平直
頸部與肩部肌肉放鬆

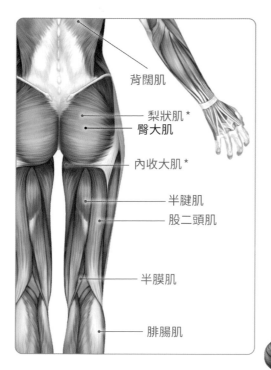

背闊肌

梨狀肌 *
臀大肌

內收大肌 *

半腱肌

股二頭肌

半膜肌

腓腸肌

最佳鍛鍊部位

- 股直肌
- 內收長肌
- 股內側肌
- 臀大肌
- 股外側肌
- 股中間肌 *

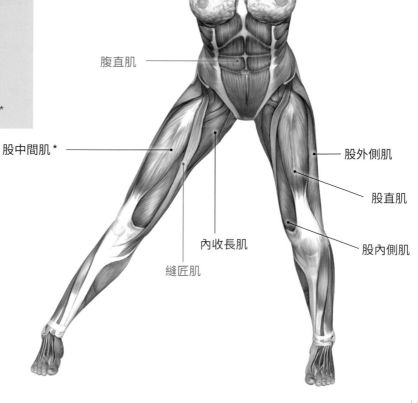

腹直肌

股中間肌 *

內收長肌

縫匠肌

股外側肌

股直肌

股內側肌

交替側弓步

示範影片

❶ 呈站姿，雙腿打開約兩倍肩寬。雙手扶髖，目視前方。

❷ 保持右腿伸直，左腿屈膝，髖部往後推，感受臀部與大腿肌肉出力。然後左腿利用蹬地的動能將身體推回原位

鍛鍊目標
- 大腿
- 臀部

使用器材
- 瑜伽墊

級別
- 初級

呼吸提示
- 全程均勻呼吸

益處
- 鍛鍊臀部和大腿肌肉
- 提高側向移動的穩定性

注意 ⚠
- 髖關節或膝關節若感不適，暫不建議做此訓練

● 避免

脊柱彎曲
膝蓋超過腳尖
雙腳移動時同時離地

● 正確做法

保持頸部肌肉放鬆
背部維持平直
軀幹保持直立

❸ 接著雙腿快速交替，換右腿蹬地回到原位，如此重複完成指定的次數。

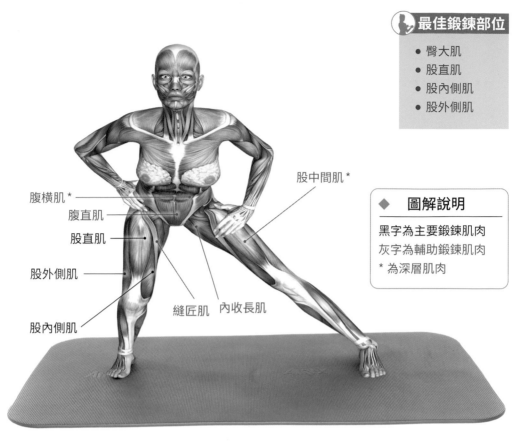

股中間肌 *

腹橫肌 *

腹直肌

股直肌

股外側肌

股內側肌

縫匠肌　內收長肌

◆　　圖解說明

黑字為主要鍛鍊肌肉
灰字為輔助鍛鍊肌肉
* 為深層肌肉

第 5 章

下肢訓練

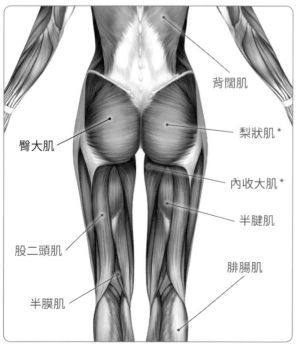

背闊肌

梨狀肌 *

臀大肌

內收大肌 *

半腱肌

股二頭肌

腓腸肌

半膜肌

☀ 小提示

雙腿交替動作的過程中，背部
始終維持平直。也可以試試雙
臂向前平伸的版本

| 233 |

側向交叉步

示範影片

❶ 身體直立，雙腳分開與肩同寬，雙臂自然下垂，將環狀彈力帶繞過小腿，保持彈力帶繃直但不拉伸。

❷ 保持上身姿勢不變，右腿向對側交叉。

鍛鍊目標
- 臀部
- 大腿

使用器材
- 迷你環狀彈力帶

級別
- 高級

呼吸提示
- 大腿外展時呼氣，內收時吸氣

益處
- 強化髖部周圍肌肉

注意 ⚠
- 髖關節若感不適，暫不建議做此訓練

❸ 回復至起始姿勢。　❹ 換左腿向對側交叉。　❺ 回復起始姿勢，重複完成指定的次數。

- **避免**
  軀幹旋轉
  前傾或側彎

- **正確做法**
  核心收緊
  身體始終直立
  彈力帶要繃緊
  雙膝不要靠在一起

🏃 **最佳鍛鍊部位**

- 內收長肌
- 內收大肌＊
- 短收肌＊
- 股薄肌
- 閉孔外肌＊
- 恥骨肌
- 臀中肌＊

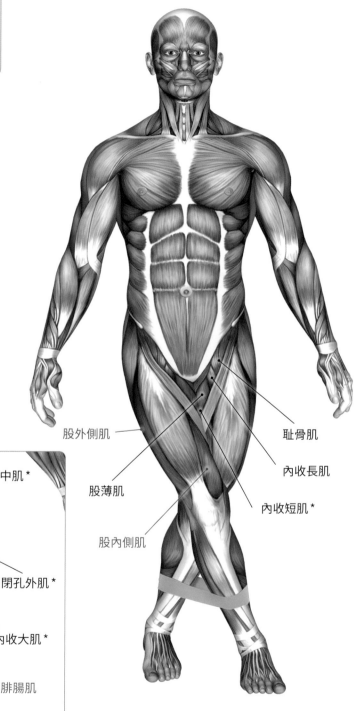

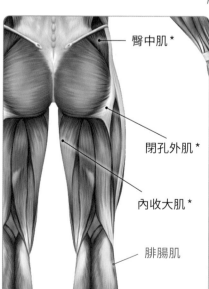

股外側肌

臀中肌＊

股薄肌

閉孔外肌＊

股內側肌

內收大肌＊

腓腸肌

恥骨肌

內收長肌

內收短肌＊

伏地挺身 - 蹲跳

示範影片

❶ 雙腳併攏站立，雙臂自然垂放身體兩側。屈髖、屈膝下蹲，雙腳腳尖與雙手支撐地面，膝關節位於核心下方，雙腿跳向後方並伸直。

- **正確做法**
  背部挺直，核心收緊
  腿向後跳時完全伸展
  落地時需注意緩衝

- **避免**
  動作速度過快

❷ 保持身體穩定，雙臂屈肘使身體下降到接近地面。

❸ 接著雙臂撐起身體，完成一次伏地挺身。

❹ 雙腿輕跳並向前屈髖、屈膝，將雙腿收於核心下方，呈俯身姿勢。

鍛鍊目標
- 全身

使用器材
- 徒手

級別
- 高級

呼吸提示
- 下蹲時吸氣,跳起時呼氣

益處
- 增強全身力量

注意 ⚠
- 低血壓者突然竄高恐會頭暈，不建議作此項訓練

❺ 雙腿蹬地奮力跳起，同時雙手向上擺動，於頭部上方擊掌。

❻ 回復至起始姿勢，重複完成指定的次數。

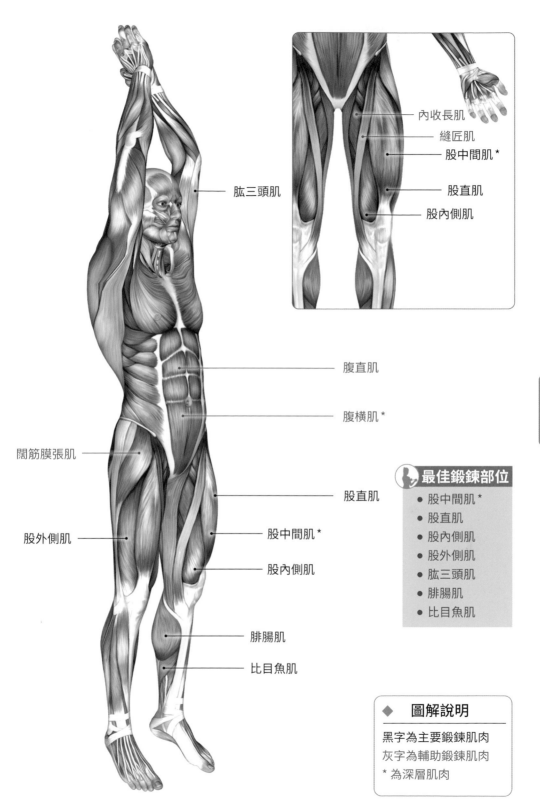

肱三頭肌

內收長肌
縫匠肌
股中間肌 *
股直肌
股內側肌

腹直肌

腹橫肌 *

闊筋膜張肌

股直肌

股外側肌

股中間肌 *

股內側肌

腓腸肌

比目魚肌

最佳鍛錬部位

- 股中間肌 *
- 股直肌
- 股內側肌
- 股外側肌
- 肱三頭肌
- 腓腸肌
- 比目魚肌

◆ **圖解說明**

黑字為主要鍛錬肌肉
灰字為輔助鍛錬肌肉
* 為深層肌肉

髖關節外旋

示範影片

❶採站姿，雙手扶髖，雙腳併攏並用迷你環狀彈力帶繞過雙腳足底，保持彈力帶繃直。

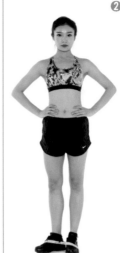

❷保持身體站直，左腳腳尖朝前，右腳腳尖朝右。

- 避免

背部彎曲
支撐腳移動位置

- 正確做法

保持軀幹穩定直立
屈髖時，支撐腿要維持伸直

❸保持軀幹直立，右腿抬起拉伸彈力帶，至髖關節和膝關節均接近90度角。

鍛鍊目標
- 臀部
- 腿部

使用器材
- 迷你環狀彈力帶

級別
- 初級

呼吸提示
- 大腿抬起時呼氣，還原時吸氣

益處
- 強化髖關節
- 提高身體穩定性

注意 ⚠
- 髖部若感不適，暫不建議做此訓練

❹回復站立姿勢。重複完成指定的次數，對側亦然。

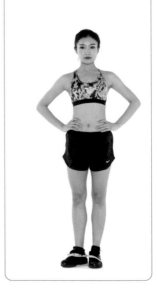

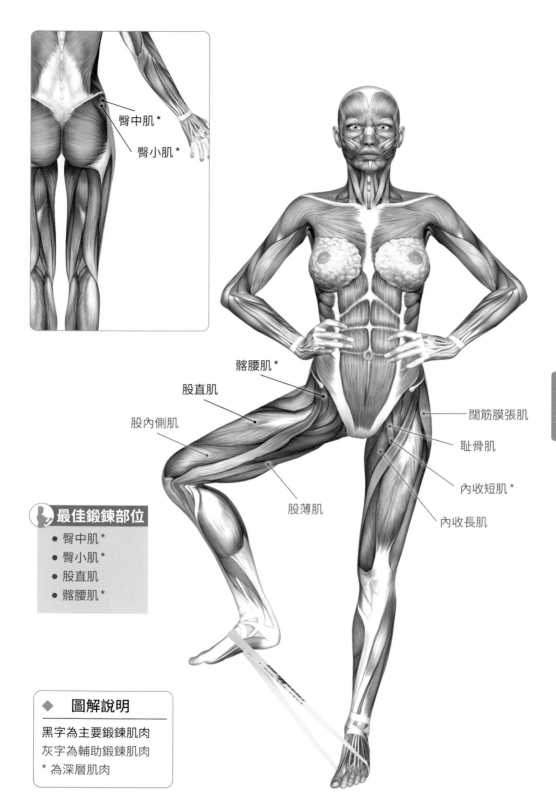

臀中肌 *

臀小肌 *

髂腰肌 *

股直肌

股內側肌

股薄肌

闊筋膜張肌

恥骨肌

內收短肌 *

內收長肌

最佳鍛鍊部位

- 臀中肌 *
- 臀小肌 *
- 股直肌
- 髂腰肌 *

◆ **圖解說明**

黑字為主要鍛鍊肌肉
灰字為輔助鍛鍊肌肉
* 為深層肌肉

後腿抬高弓步蹲

示範影片

① 後腿抬高放在訓練
椅上，雙手握住啞
鈴垂放身體兩側。

② 保持身體穩定，
前腿屈膝下蹲。

鍛鍊目標
- 臀部
- 大腿
- 小腿

使用器材
- 啞鈴、訓練椅

級別
- 中級

呼吸提示
- 下蹲時吸氣，還原
時呼氣

益處
- 強化股四頭肌和臀
部肌肉

注意 ⚠
- 膝關節若感不適，
暫不建議做此訓練

③ 回復至起始姿勢，
重複完成指定的
次數，對側亦然。

- **避免**
下蹲時膝蓋超過腳尖
膝關節內扣

- **正確做法**
上身盡量保持直立
膝蓋與腳尖方向一致

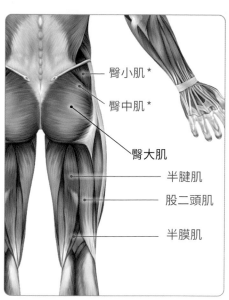

最佳鍛鍊部位

- 股外側肌
- 股直肌
- 股中間肌 *
- 股內側肌
- 臀大肌
- 腓腸肌

臀小肌 *

臀中肌 *

臀大肌

半腱肌

股二頭肌

半膜肌

◆ 圖解說明

黑字為主要鍛鍊肌肉
灰字為輔助鍛鍊肌肉
* 為深層肌肉

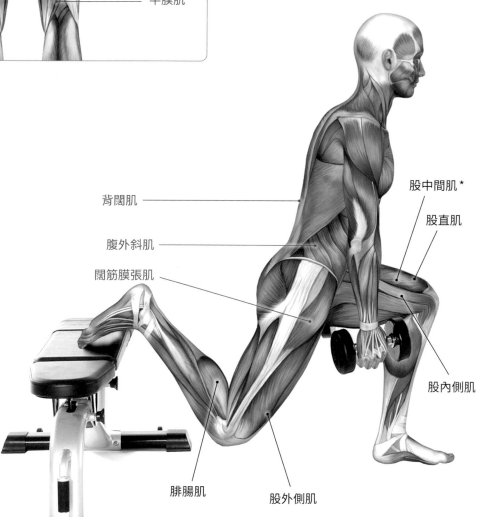

背闊肌

腹外斜肌

闊筋膜張肌

腓腸肌

股外側肌

股中間肌 *

股直肌

股內側肌

第 5 章　下肢訓練

俯身單腿站立平衡

示範影片

❶ 採站姿，雙腳間距與肩同寬。背部挺直，目視前方。

❷ 雙臂伸直向兩側平舉，雙手握拳，拇指向上。

❸ 以右腿為支撐腿，身體穩定前俯，左腿向後抬高伸展，維持支撐腿打直。

● 避免

身體左右搖晃
支撐腿彎曲

● 正確做法

骨盆保持水平，不歪斜
俯身後，身體呈T形

鍛鍊目標

- 大腿
- 核心
- 小腿

使用器材

- 徒手

級別

- 中級

呼吸提示

- 全程均勻呼吸

益處

- 強化腿後肌
- 提高身體穩定性

注意 ⚠

- 核心收緊，保持穩定

❹ 俯身並向後抬高左腿，左側臀部出力收緊，雙手大拇指始終朝上，俯身至身體與地面平行，保持動作1~2秒。重複完成指定的次數，對側亦然。

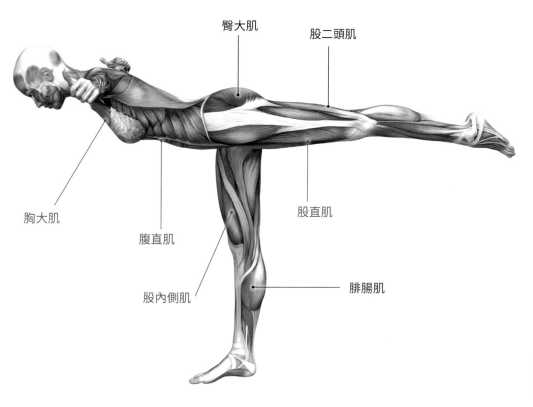

臀大肌

股二頭肌

胸大肌

腹直肌

股內側肌

股直肌

腓腸肌

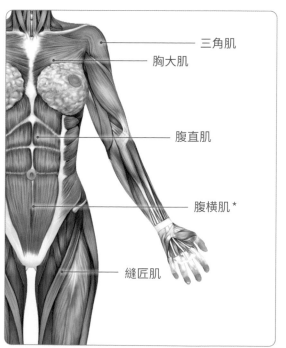

三角肌

胸大肌

腹直肌

腹橫肌 *

縫匠肌

最佳鍛鍊部位

- 臀大肌
- 股二頭肌
- 腓腸肌

◆ 圖解說明

黑字為主要鍛鍊肌肉
灰字為輔助鍛鍊肌肉
* 為深層肌肉

啞鈴舉踵

示範影片

❶ 呈基本站姿，雙手各握
一個啞鈴，垂放身體兩
側。

❷ 保持身體穩定，踮腳尖
使身體向上，保持動作。

鍛鍊目標
● 小腿

使用器材
● 啞鈴

級別
● 初級

呼吸提示
● 全程均勻呼吸

益處
● 強化小腿肌肉力量

注意 ⚠
● 踝關節若感不適， 暫不建議做此訓練

❸ 緩緩回復至起始姿勢，
重複完成指定的次數。

● **正確做法**
雙腿保持伸直
背部挺直
核心收緊

● **避免**
膝關節彎曲
背部前傾

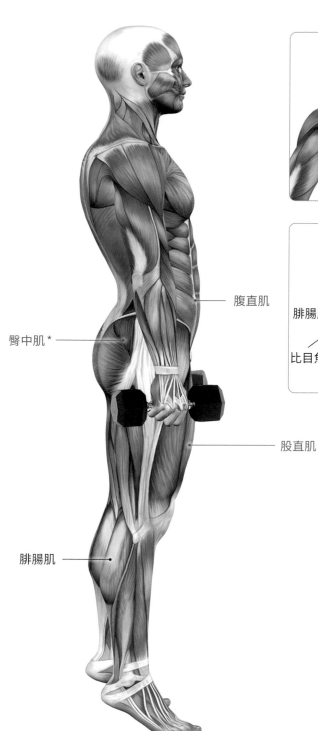

腹直肌

臀中肌 *

股直肌

腓腸肌

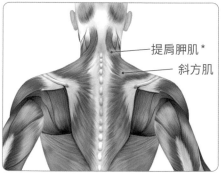

提肩胛肌 *

斜方肌

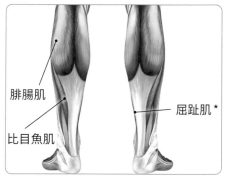

腓腸肌

比目魚肌

屈趾肌 *

最佳鍛鍊部位

- 腓腸肌
- 屈趾肌 *
- 比目魚肌

◆ 圖解說明

黑字為主要鍛鍊肌肉
灰字為輔助鍛鍊肌肉
* 為深層肌肉

俯臥單腿彎舉

示範影片

❶ 俯臥於器械上，雙手扶住把手，將雙腿腳踝上方靠在滾軸下方。

❷ 保持身體穩定，左腿向後向上彎舉。

● 避免

膝關節完全打直
臀部翹高，頭部上抬
下背過度伸展

● 正確做法

屈腿與回復的速度放慢
腿放下後膝關節微彎保持張力
臀部收緊，避免借力

❸ 放下左腿後換成右腿彎曲，雙腿交替進行。重複完成指定的次數。

鍛鍊目標
● 大腿

使用器材
● 腿彎舉訓練器

級別
● 初級

呼吸提示
● 膝關節屈曲時呼氣，還原時吸氣

益處
● 鍛鍊大小腿後側與臀部肌肉

注意 ⚠
● 膝關節若感不適，暫不建議做此訓練

第5章
下肢訓練

最佳鍛鍊部位

- 半腱肌
- 股二頭肌
- 半膜肌

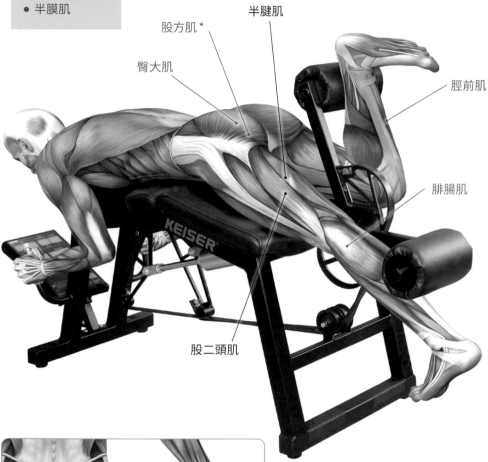

半腱肌

股方肌 *

臀大肌

脛前肌

腓腸肌

股二頭肌

內收大肌

半腱肌

股二頭肌

半膜肌

◆ **圖解說明**

黑字為主要鍛鍊肌肉
灰字為輔助鍛鍊肌肉
* 為深層肌肉

俯臥雙腿彎舉

示範影片

① 俯臥於器械上，雙腿伸直微彎，腳踝上方靠在滾軸下方，雙手握緊把手。

② 上身及大腿保持不動，雙腿同時屈膝向後彎舉，感受大腿小腿與臀部肌肉的收縮。

鍛鍊目標
- 大腿

使用器材
- 腿彎舉訓練器

級別
- 初級

呼吸提示
- 膝關節屈曲時呼氣，還原時吸氣

益處
- 鍛鍊腿後肌群
- 鍛鍊臀部肌肉

注意 ⚠
- 膝關節若感不適，暫不建議做此訓練

③ 雙腿後彎舉至臀部上方，稍作停頓。回復至起始姿勢，重複指定的次數。

- **避免**

膝關節完全打直
臀部翹高，頭部上抬
背部過度伸展

- **正確做法**

屈腿與回復的速度放慢
腿放下後膝關節微彎保持張力
臀部收緊，避免借力

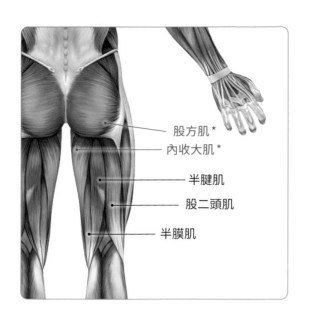

股方肌 *
內收大肌 *
半腱肌
股二頭肌
半膜肌

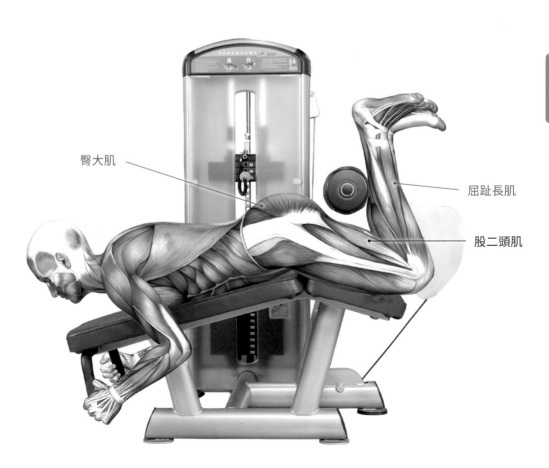

臀大肌

屈趾長肌

股二頭肌

第5章　下肢訓練

06

CHAPTER SIX

第6章
拉筋伸展訓練

頸側輔助伸展

示範影片

❶呈站姿，雙腳分開，面朝前方。

● 避免	● 正確做法
繃緊肩部或聳肩 手臂用力過大	手臂出力要緩慢且持續 頸部不要繞圈

鍛鍊目標
● 頸部

使用器材
● 徒手

級別
● 初級

呼吸提示
● 全程均勻呼吸

益處
● 提高頸部肌肉的柔韌性

注意 ⚠
● 頸部若感不適，暫不建議做此訓練

❷左手扶住頭頂右側，向左側肩膀輕柔且緩慢的拉動，感受頸部右側的伸展。維持姿勢至指定的時間，然後回復起始姿勢，對側亦然。

最佳鍛鍊部位

- 提肩胛肌＊
- 胸鎖乳突肌
- 斜角肌＊

胸鎖乳突肌

斜角肌＊

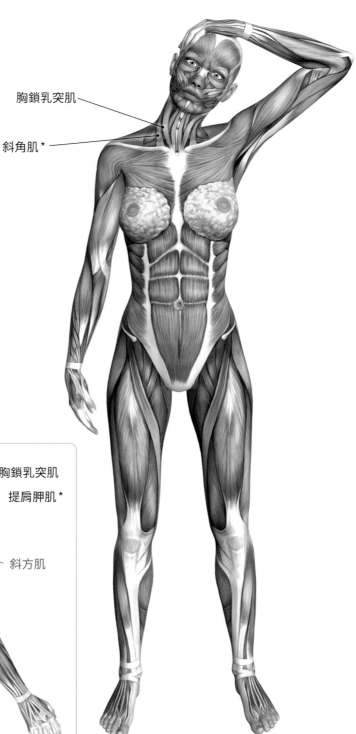

胸鎖乳突肌

提肩胛肌＊

斜方肌

頸部左右旋轉

示範影片

❶ 呈站立姿，雙腳分開，
　 面朝前方。

● 避免

聳肩或繃緊肩部
身體前傾或側彎
頸部繞圈旋轉

❷ 頭部最大程度地向轉向
　 左側，感受頸部肌肉的
　 拉伸，並維持姿勢至指
　 定的時間。

❸ 接著頭轉向右側，感
　 受頸部另一側肌肉伸
　 展，維持姿勢至指定
　 時間。

鍛鍊目標
● 頸部
● 肩部
使用器材
● 徒手
級別
● 初級
呼吸提示
● 全程均勻呼吸
益處
● 增強頸部肌肉的柔
　 韌性
注意　⚠
● 頸部比身體其他部
　 位肌肉來得脆弱，
　 若感到不適，暫不
　 建議做此訓練

● 正確做法

身體保持放鬆
頸部只做左右側的轉動

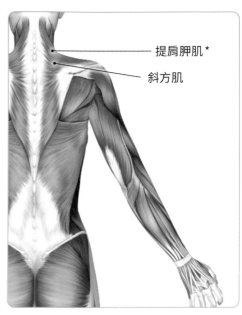

提肩胛肌 *

斜方肌

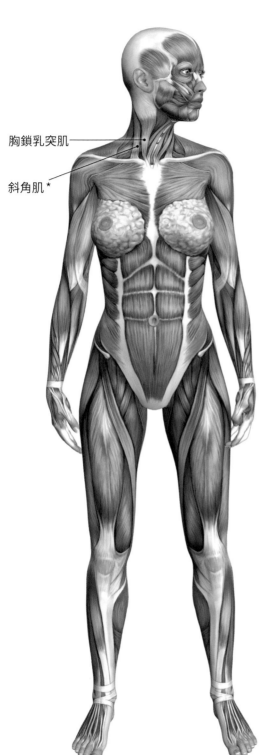

胸鎖乳突肌

斜角肌 *

最佳鍛鍊部位

- 胸鎖乳突肌
- 斜角肌 *
- 提肩胛肌 *
- 斜方肌

◆　圖解說明

黑字為主要鍛鍊肌肉
灰字為輔助鍛鍊肌肉
* 為深層肌肉

站姿三角肌後束伸展

示範影片

❶ 呈站姿，雙腳打開與肩同寬，雙臂自然下垂，目視前方。

❷ 肩部放鬆，左臂屈肘，右臂伸直抬起置於左臂上方。

● 避免

肩部上聳
內側手彎曲

鍛鍊目標

● 肩部
● 手臂

使用器材

● 徒手

級別

● 初級

呼吸提示

● 全程均勻呼吸

益處

● 伸展肩部後側，避免肩部肌肉僵硬

注意 ⚠

● 肩部若有損傷，暫不建議做此訓練

● 正確做法

內側手的手肘盡量保持伸直
核心收緊，背部挺直

❸ 左臂出力將右臂向身體方向壓，同時頭轉向右側，保持此姿勢至指定的時間，對側亦然。

- 三角肌後束
- 肱三頭肌
- 小圓肌 *
- 棘下肌 *

◆ 圖解說明

黑字為主要鍛鍊肌肉
灰字為輔助鍛鍊肌肉
* 為深層肌肉

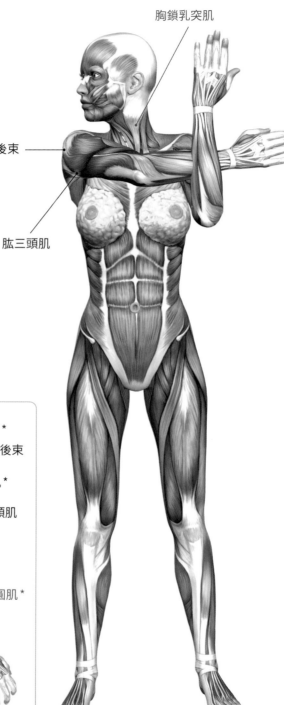

胸鎖乳突肌

三角肌後束

肱三頭肌

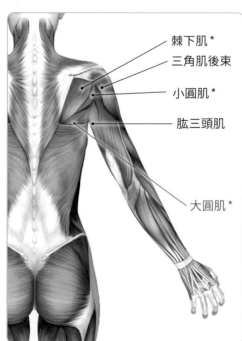

棘下肌 *
三角肌後束
小圓肌 *
肱三頭肌
大圓肌 *

第6章

拉筋伸展訓練

肱三頭肌伸展

❶ 呈站姿，雙腳打開與肩同寬，雙臂自然下垂。

❷ 右臂舉高，彎曲手肘並伸到頭部後側，左手握住右臂肘部。

● 避免

手臂拉的力量太強
弓背，肚子前凸

鍛鍊目標
● 手臂
● 肩部
使用器材
● 徒手
級別
● 初級
呼吸提示
● 全程均勻呼吸
益處
● 提高肱三頭肌的柔韌性
注意
● 肩部若感不適，暫不建議做此訓練

● 正確做法

背部保持挺直
感受肱三頭肌的伸展
核心收緊

❸ 左手出力將右手肘向左側拉，感受肱三頭肌的伸展，保持姿勢至指定時間，對側亦然。

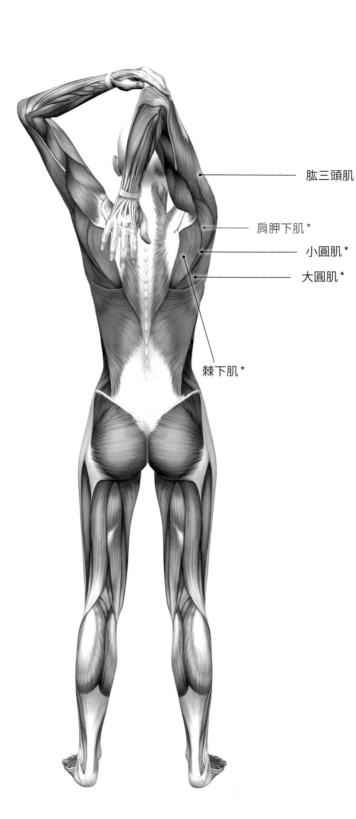

肱三頭肌

肩胛下肌 *

小圓肌 *

大圓肌 *

棘下肌 *

最佳鍛鍊部位

● 肱三頭肌
● 小圓肌 *
● 大圓肌 *
● 棘下肌 *

第6章

拉筋伸展訓練

胸肩與肱二頭肌伸展

❶ 呈站姿,挺胸收腹,目視前方,雙手十指交叉於身後且掌心朝下。

● 避免

雙臂上抬的高度過高
弓背挺肚
雙手鬆開

● 正確做法

肩部下壓
核心收緊,背部挺直
十指交叉,掌心朝下

鍛鍊目標
● 手臂
● 肩部
● 胸部

使用器材
● 徒手

級別
● 初級

呼吸提示
● 往上拉伸時呼氣,
  還原時吸氣

益處
● 胸肩與肱二頭肌的
  伸展

注意 ⚠
● 肩部若有傷,暫不
  建議做此訓練

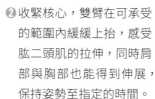

❷ 收緊核心,雙臂在可承受的範圍內緩緩上抬,感受肱二頭肌的拉伸,同時肩部與胸部也能得到伸展,保持姿勢至指定的時間。

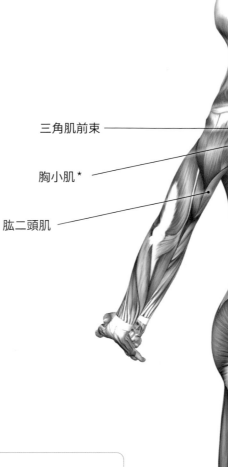

三角肌前束

胸小肌 *

肱二頭肌

◆　圖解說明

黑字為主要鍛鍊肌肉
灰字為輔助鍛鍊肌肉
* 為深層肌肉

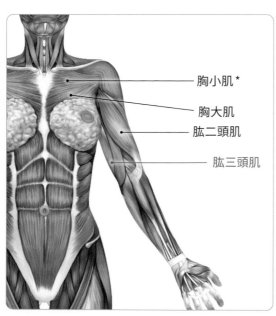

胸小肌 *

胸大肌

肱二頭肌

肱三頭肌

第6章

拉筋伸展訓練

手腕伸肌與屈肌伸展

示範影片

❶ 採站姿,雙腳與肩同寬,挺胸收腹,雙手自然垂放身體兩側。

❷ 右臂抬起至與地面平行,指尖向下,掌心向後。以左手握住右手手指,輕輕向內壓,感受前臂手腕的伸肌拉伸。

- 避免

圓背,聳肩
拉伸力度過大

- 正確做法

手臂伸直與地面平行
拉伸力量在可承受範圍內

❸ 接著右手指尖朝上,掌心朝前,左手同樣握住右手手指,輕輕向內壓,感受前臂手腕的屈肌拉伸。保持姿勢至指定時間,對側亦然。

鍛鍊目標
- 手臂

使用器材
- 徒手

級別
- 初級

呼吸提示　
- 全程均勻呼吸

益處
- 拉伸前臂手腕肌肉

注意　⚠
- 手腕若感不適,暫不建議做此訓練

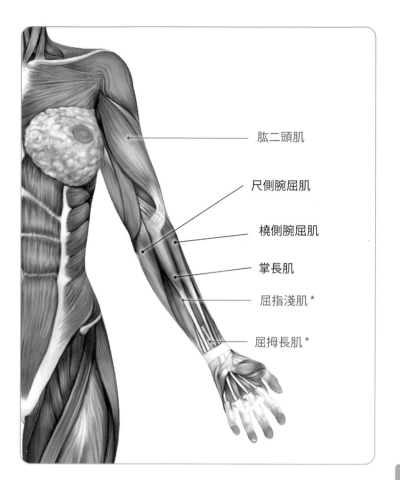

肱二頭肌

尺側腕屈肌

橈側腕屈肌

掌長肌

屈指淺肌 *

屈拇長肌 *

👤 **最佳鍛鍊部位**

- 尺側腕屈肌
- 橈側腕屈肌
- 掌長肌
- 肱橈肌
- 尺側腕伸肌
- 伸指肌

◆ **圖解說明**

黑字為主要鍛鍊肌肉
灰字為輔助鍛鍊肌肉
* 為深層肌肉

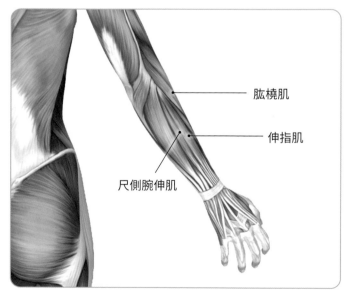

肱橈肌

伸指肌

尺側腕伸肌

第6章

拉筋伸展訓練

擴胸伸展

示範影片

❶ 採站姿，挺胸收腹，雙腳與肩同寬，目視前方。

❷ 保持身體直立，雙手扶於腰部後側，指尖朝下。

- 避免

肩部上聳
弓背或頸部前凸

鍛鍊目標
- 胸部
使用器材
- 徒手
級別
- 初級
呼吸提示 🌓
- 全程均勻呼吸
益處
- 有助於打開胸腔與舒展
注意
- 肩部若感不適，暫不建議做此訓練

- 正確做法

肘部保持向外伸展
保持核心收緊，背部挺直

❸ 肩胛骨後收，帶動手肘向後，挺胸向前，感受打開胸腔的拉伸。保持姿勢作至指定時間。

最佳鍛鍊部位

- 胸大肌
- 胸小肌＊

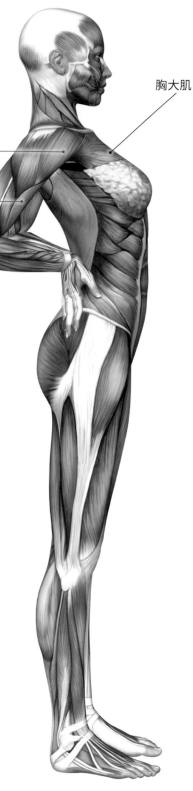

胸大肌

三角肌前束

肱二頭肌

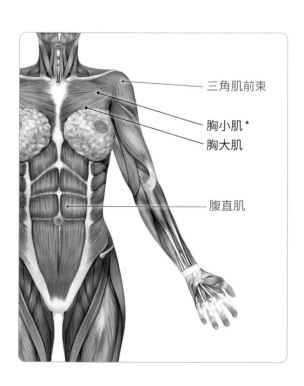

三角肌前束

胸小肌＊

胸大肌

腹直肌

第6章

拉筋伸展訓練

跪坐背部伸展

示範影片

● 避免	● 正確做法
頸部緊繃	身體緩慢且連續向下俯身
雙腿打開	手掌貼於地面，向前伸展

鍛鍊目標
● 全身
使用器材
● 徒手
級別
● 初級
呼吸提示
● 全程均勻呼吸
益處
● 拉伸並放鬆背部
注意
● 膝關節若有損傷，
　暫不建議做此訓練

❶呈跪姿，俯身面朝地面，雙臂向前方呈Y字形伸直，
　掌心向下撐地。

❷髖部向後坐，胸部靠向地面，手臂
　往前延伸，感受背部肌肉的伸展。
　保持姿勢至指定時間。

<table>
<tr><td>◆ 圖解說明</td><td>🏃 最佳鍛鍊部位</td></tr>
</table>

◆ 圖解說明

黑字為主要鍛鍊肌肉
灰字為輔助鍛鍊肌肉
* 為深層肌肉

🏃 最佳鍛鍊部位

- 背闊肌
- 斜方肌
- 肱二頭肌

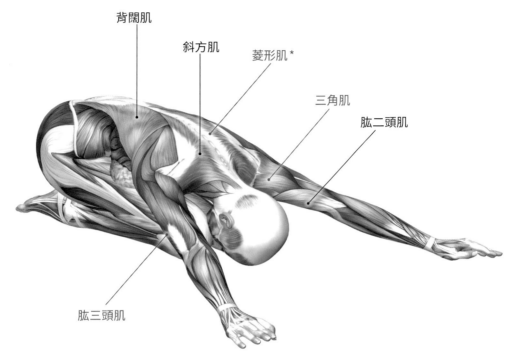

背闊肌
斜方肌
菱形肌 *
三角肌
肱二頭肌
肱三頭肌

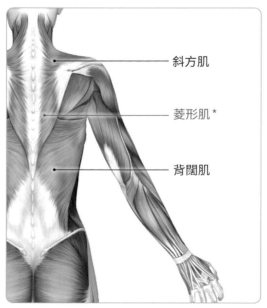

斜方肌
菱形肌 *
背闊肌

☀ 小提示

不能只擺出趴在地上的姿勢而已，
手臂盡量往前延伸，要確實感受
到背肌有往前拉。

第6章

拉筋伸展訓練

眼鏡蛇式

示範影片

❶ 採俯臥姿，胸部靠近地面，雙臂屈肘放於胸部兩側，以雙臂撐於地面。

❷ 雙臂伸直推起，使胸部和肋骨最大程度向上抬起，感受目標肌肉得到拉伸。

● 避免

下背過度伸展
頭部過度後仰
肩膀鬆垮

● 正確做法

肩部輕鬆下壓
臀部收緊，壓穩地面

❸ 回復至起始姿勢，重複完成指定的次數。

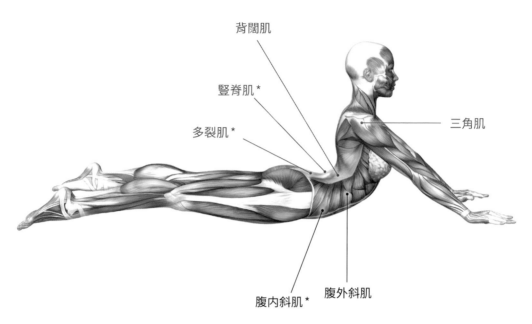

最佳鍛鍊部位

- 腹直肌
- 腹外斜肌
- 腹內斜肌 *

◆ 圖解說明

黑字為主要鍛鍊肌肉
灰字為輔助鍛鍊肌肉
* 為深層肌肉

背闊肌

豎脊肌 *

多裂肌 *

三角肌

腹內斜肌 *

腹外斜肌

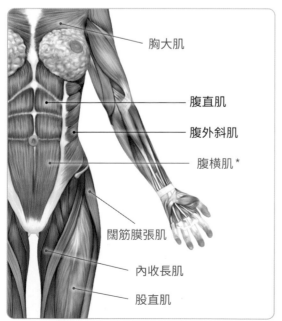

胸大肌

腹直肌

腹外斜肌

腹橫肌 *

闊筋膜張肌

內收長肌

股直肌

小提示

感受腹部肌肉的拉伸，視線朝向
正前方。

抗力球後彎

示範影片

❶ 背部中間位置仰臥於抗力球上，雙腳支撐在瑜伽墊，
雙臂屈肘置於耳側，身體自然後彎。

鍛鍊目標
- 核心
- 胸部

使用器材
- 抗力球、瑜伽墊

級別
- 中級

呼吸提示
- 全程均勻呼吸

益處
- 拉伸軀幹前側肌肉

注意 ⚠
- 需要身體的平衡感
  與核心穩定性

❷ 上背部保持平直，大腿與地面保持平行。

- **避免**

抗力球左右搖晃
頸部緊繃

- **正確做法**

雙腳踩穩地面控制平衡
確認下背部感覺舒適

❸ 讓頭部與整個背部最大程度貼在球面，感受身體前側
與肋間肌肉的拉伸。重複完成指定的次數。

第6章

拉筋伸展訓練

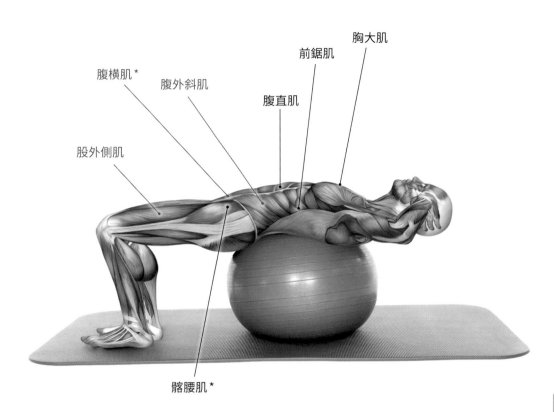

腹横肌 *

腹外斜肌

腹直肌

前鋸肌

胸大肌

股外側肌

髂腰肌 *

最佳鍛鍊部位

- 髂腰肌 *
- 前鋸肌
- 胸大肌
- 腹直肌

◆　圖解說明

黑字為主要鍛鍊肌肉

灰字為輔助鍛鍊肌肉

* 為深層肌肉

抗力球側伸展

示範影片

● 避免	● 正確做法
讓球滾動	保持身體放鬆
身體前後擺動	軀幹側面緊貼球面

側臥於抗力球上，右腿在上方，屈髖、屈膝，
右腳蹬地，左腿在下方伸展。保持身體穩定，
雙臂於頭部上方伸展，維持姿勢至指定時間，
對側亦然。

下腿以腳側貼地並延長，
上腿平踩地面做支撐

鍛鍊目標
● 背部
● 核心
使用器材
● 抗力球
級別
● 中級
呼吸提示
● 全程均勻呼吸
益處
● 拉伸背部和核心
● 增加背部柔韌性
注意 ⚠
● 背部若感不適，暫不
　建議做此訓練

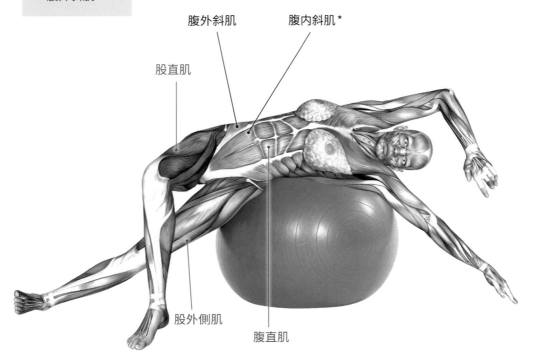

最佳鍛鍊部位

- 腹內斜肌 *
- 背闊肌
- 腹外斜肌

腹外斜肌　　　腹內斜肌 *

股直肌

股外側肌

腹直肌

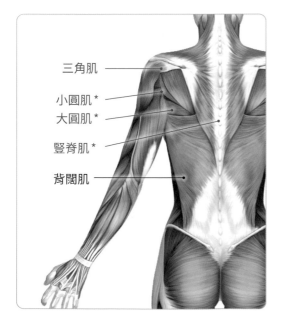

三角肌

小圓肌 *

大圓肌 *

豎脊肌 *

背闊肌

◆　　圖解說明

黑字為主要鍛鍊肌肉
灰字為輔助鍛鍊肌肉
* 為深層肌肉

☀ 小提示

保持軀幹側面貼緊抗力球，拉伸
軀幹側邊肌肉，過程中身體放鬆。

第6章

拉筋伸展訓練

273

俯臥扭轉

示範影片

鍛鍊目標
- 核心

使用器材
- 瑜伽墊

級別
- 初級

呼吸提示
- 全程均勻呼吸

益處
- 拉伸核心肌肉

注意 ⚠️
- 腰背若感不適，暫不建議做此訓練

- 避免

頭部上仰
手臂離地

- 正確做法

核心收緊
在能承受的範圍內扭轉

❶ 俯臥於瑜伽墊上，雙臂向兩側張開與肩部齊平，雙腿併攏後彎，腳尖朝上。

❷ 雙腿併攏，在雙臂伸直且手不離地的情況下，向一側扭轉腹部與大腿，感受身體側邊肌肉的拉伸。保持姿勢至指定時間，對側亦然。

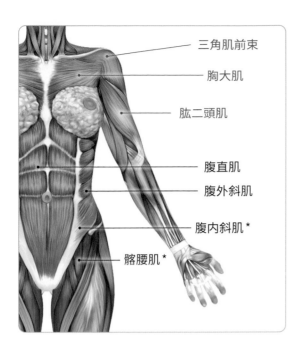

三角肌前束

胸大肌

肱二頭肌

腹直肌

腹外斜肌

腹內斜肌 *

髂腰肌 *

最佳鍛鍊部位

- 腹內斜肌 *
- 腹直肌
- 腹外斜肌
- 背闊肌
- 髂腰肌 *

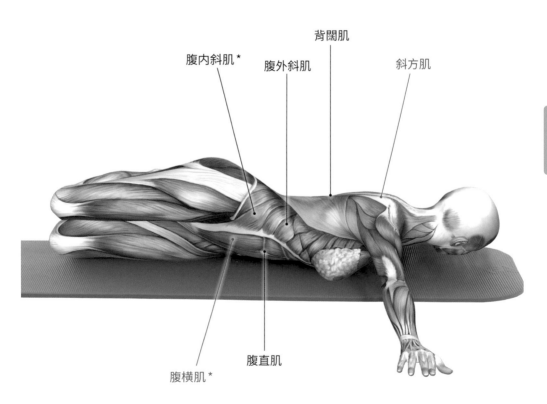

背闊肌

腹內斜肌 *　　腹外斜肌　　斜方肌

腹橫肌 *　　腹直肌

第6章　拉筋伸展訓練

抗力球背部伸展

示範影片

❶ 雙膝跪地,將抗力球置於身體前方,一隻手臂向前伸直,將手掌搭放球上,另一隻手臂撐地。

鍛鍊目標
- 背部
- 肩部

使用器材
- 抗力球、瑜伽墊

級別
- 中級

呼吸提示
- 全程均勻呼吸

益處
- 增加背部肌肉的柔韌性

注意
- 腰背若有傷未癒,暫不建議做此訓練

❷ 臀部坐向腳跟,往下壓低身體,感受背部與肩部肌肉的拉伸,在指定時間內保持該姿勢。

- **避免**

身體扭轉

弓背,頭部上抬

- **正確做法**

手臂完全伸直

臀部盡量向後延伸

❸ 回復至起始姿勢,對側亦然。

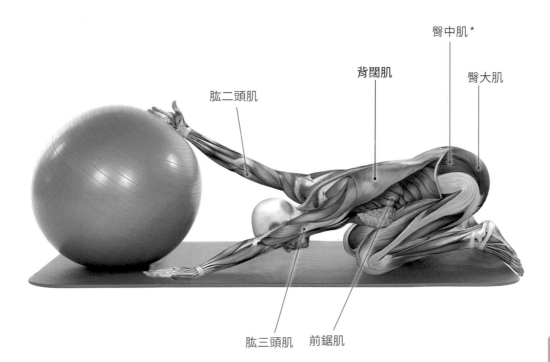
◆　**圖解說明**

黑字為主要鍛鍊肌肉
灰字為輔助鍛鍊肌肉
* 為深層肌肉

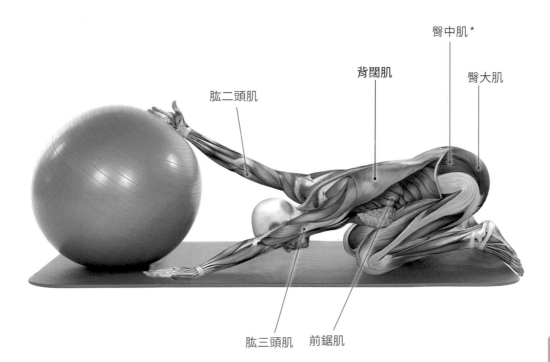

臀中肌 *

背闊肌

臀大肌

肱二頭肌

肱三頭肌　前鋸肌

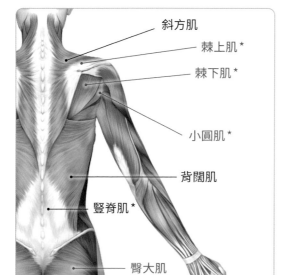

斜方肌

棘上肌 *

棘下肌 *

小圓肌 *

背闊肌

豎脊肌 *

臀大肌

☼　**小提示**

重心向後移動，身體壓低時將手臂
往前延伸，同時拉伸背部與肩部肌
肉。

第6章

拉筋伸展訓練

仰臥屈膝扭轉

示範影片

① 呈仰臥姿，仰臥於瑜伽墊，雙腳併攏伸直，雙臂伸直置於身體兩側。

② 屈髖將雙腿向上抬起，同時屈膝，腳尖朝上。雙臂向兩側打開，保持身體穩定。

鍛鍊目標
- 核心
- 背部

使用器材
- 瑜伽墊

級別
- 初級

呼吸提示
- 轉髖時呼氣，還原時吸氣

益處
- 增強核心穩定性
- 拉伸核心側邊肌肉

注意
- 腰背若感不適，暫不建議做此訓練

③ 雙手不離地的情況下，轉髖，將雙腿轉向側邊。

- 避免

頭部抬高
雙手離開地面

- 正確做法

核心收緊
扭轉時的動作平穩
膝蓋保持彎曲

④ 再以同樣的方式向對側轉髖，重複完成指定的次數。

第6章　拉筋伸展訓練

- 豎脊肌 *
- 腹外斜肌
- 腹直肌
- 腹內斜肌 *

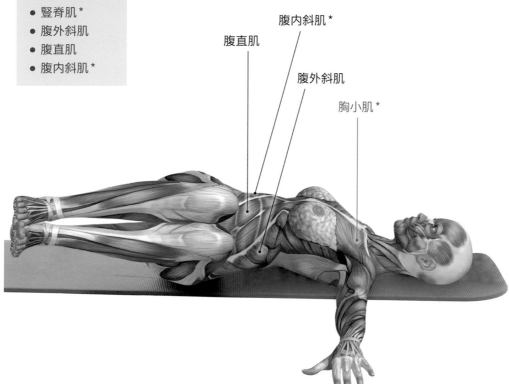

腹內斜肌 *

腹直肌

腹外斜肌

胸小肌 *

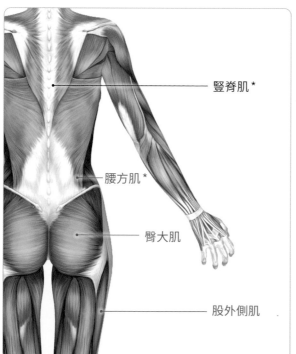

豎脊肌 *

腰方肌 *

臀大肌

股外側肌

◆ 圖解說明

黑字為主要鍛鍊肌肉
灰字為輔助鍛鍊肌肉
* 為深層肌肉

第6章

拉筋伸展訓練

下背滾動

示範影片

鍛鍊目標
- 背部

使用器材
- 瑜伽墊

級別
- 初級

呼吸提示
- 腿拉向胸口時呼氣，還原時吸氣

益處
- 拉伸舒緩下背緊繃

注意 ⚠️
- 腰背若感不適，暫不建議做此訓練

❶仰臥在瑜伽墊上，雙腿屈膝屈髖，雙手抱住膝蓋下方。

❷髖部上抬，彎曲下背，將膝蓋拉向胸口。

❸動作不停，還原時上身順勢向上抬高，感受背部拉伸。

- 避免

雙腿過度後仰
背部壓力過大

❹伸直雙腿，平躺於地。重複完成指定的次數。

- 正確做法

頸部自然伸直
合理利用慣性滾動身體

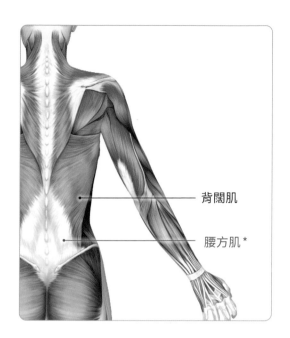

背闊肌

腰方肌 *

◆ 圖解說明

黑字為主要鍛鍊肌肉
灰字為輔助鍛鍊肌肉
* 為深層肌肉

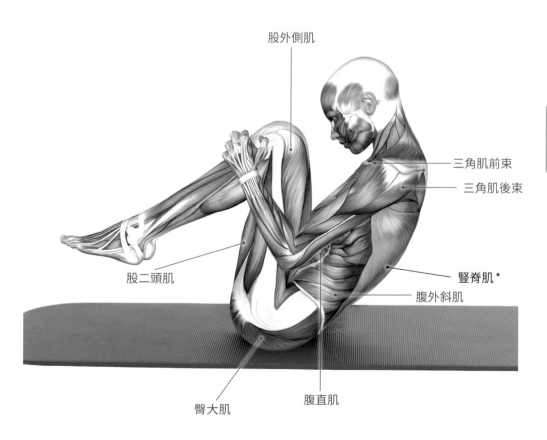

股外側肌

三角肌前束

三角肌後束

股二頭肌

豎脊肌 *

腹外斜肌

臀大肌

腹直肌

第6章

拉筋伸展訓練

281

嬰兒式

示範影片

<table>
<tr><td>

● 避免

頸部過於緊繃

動作過快

</td><td>

● 正確做法

頸部放鬆，雙肩下沉

脊柱充分伸展

</td></tr>
</table>

鍛鍊目標

● 肩部

● 背部

使用器材

● 瑜伽墊

級別

● 初級

呼吸提示

● 全程均勻呼吸

益處

● 伸展頸部到下背部，感受脊柱被拉伸

注意

● 下背與頸部若有不適，暫不建議做此訓練

❶ 呈跪姿，臀部向後坐到腳上，同時上身前俯，雙臂前伸並將前臂平放地面。核心緊貼大腿。

❷ 雙手同時收到身體兩側，以前額觸地，伸展整個脊柱。保持動作至指定時間。

第6章

拉筋伸展訓練

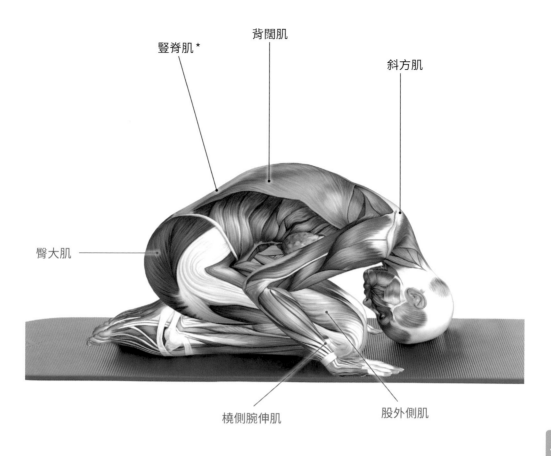

豎脊肌 *

背闊肌

斜方肌

臀大肌

橈側腕伸肌

股外側肌

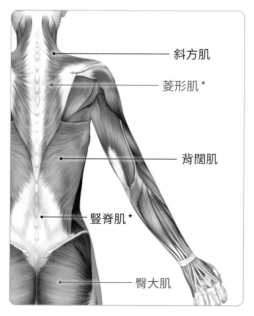

斜方肌

菱形肌 *

背闊肌

豎脊肌 *

臀大肌

最佳鍛鍊部位

- 背闊肌
- 豎脊肌 *
- 斜方肌

◆ 圖解說明

黑字為主要鍛鍊肌肉

灰字為輔助鍛鍊肌肉

* 為深層肌肉

坐姿臀部扭轉

示範影片

鍛鍊目標
- 背部
- 核心
- 臀部

使用器材
- 瑜伽墊

級別
- 初級

呼吸提示
- 全程均勻呼吸

益處
- 充分伸展臀部和下背部

注意 ⚠
- 腰背若感不適，暫不建議做此訓練

❶ 呈坐姿，雙腿前伸，上身挺直，目視前方，雙手置於身體兩側。

❷ 左腿保持伸直，右腿彎曲跨過左腿，將右腳放在左膝外側，左手手肘搭在右膝，右手撐在身體後方，保持身體平衡。

❸ 身體盡力向右側扭轉，視線也隨之轉向右後方，保持動作至指定時間，對側亦然。

- 避免
只轉頭，沒轉身體
伸直腿屈膝

- 正確做法
背部維持挺立
核心收緊

第6章 拉筋伸展訓練

☀ 小提示

保持上身挺直，手肘抵住膝蓋內側，不要讓膝蓋隨著身體扭轉而脫離位置。也可以用手肘扣住膝蓋

◆ 圖解說明

黑字為主要鍛鍊肌肉
灰字為輔助鍛鍊肌肉
* 為深層肌肉

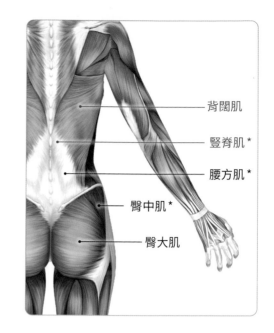

背闊肌
豎脊肌 *
腰方肌 *
臀中肌 *
臀大肌

👤 最佳鍛鍊部位

● 臀大肌
● 臀中肌 *
● 腰方肌 *

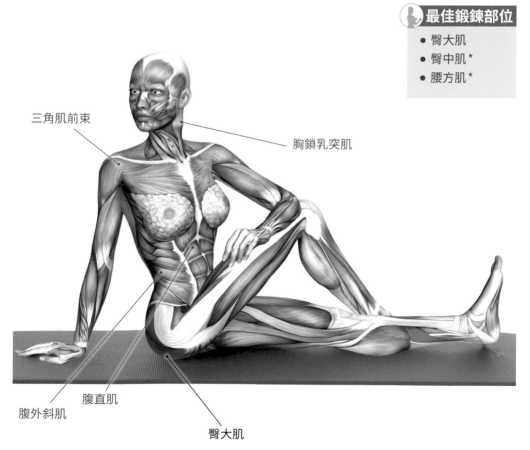

三角肌前束
胸鎖乳突肌
腹外斜肌
腹直肌
臀大肌

貓式

示範影片

❶ 採四足跪姿，背部保持平直，肩部不要塌陷。

● 避免

頸部與肩部太緊繃
摒住呼吸
肩背塌陷

❷ 收緊核心，同時含胸低頭使背部弓起，感受背肌拉伸，保持1~2秒。

鍛鍊目標
● 背部
使用器材
● 徒手
級別
● 初級
呼吸提示
● 脊柱屈曲時呼氣，還原時吸氣
益處
● 拉伸背部肌肉
注意 ⚠
● 背部若感不適，暫不建議做此訓練

❸ 回復至起始姿勢，重複完成指定的次數。

● 正確做法

核心收緊
動作緩慢且持續
均勻呼吸

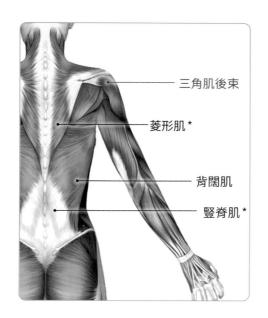

三角肌後束

菱形肌 *

背闊肌

豎脊肌 *

☼ 小提示

腹部內收拾，保持髖部上提，同時肩部
維持穩定，雙腳腳背平貼地面。

◆ 圖解說明

黑字為主要鍛鍊肌肉
灰字為輔助鍛鍊肌肉
* 為深層肌肉

最佳鍛鍊部位

- 豎脊肌 *
- 背闊肌
- 菱形肌 *

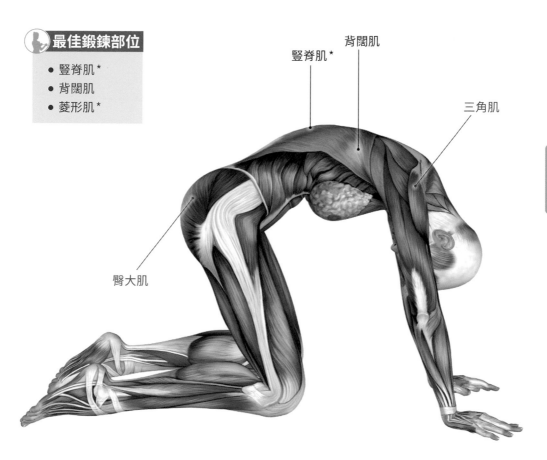

豎脊肌 *

背闊肌

三角肌

臀大肌

第6章

拉筋伸展訓練

坐姿腿後肌伸展

示範影片

❶採坐姿，上身挺直面朝前方，雙腿向兩側打開並伸直，雙手放在膝關節內側。

鍛鍊目標
- 背部
- 大腿

使用器材
- 徒手

級別
- 初級

呼吸提示
- 全程均勻呼吸

益處
- 拉伸腿後肌肉和延伸脊柱

注意
- 下背若感不適，暫不建議做此訓練

- 避免

摒住呼吸
上下彈震

- 正確做法

收下巴
上身盡可能貼地

❷雙手前伸，從髖部開始前彎，含胸低頭，下降至上身盡量貼近地面，感受大腿內側與後側以及背部的拉伸。保持姿勢至指定時間。

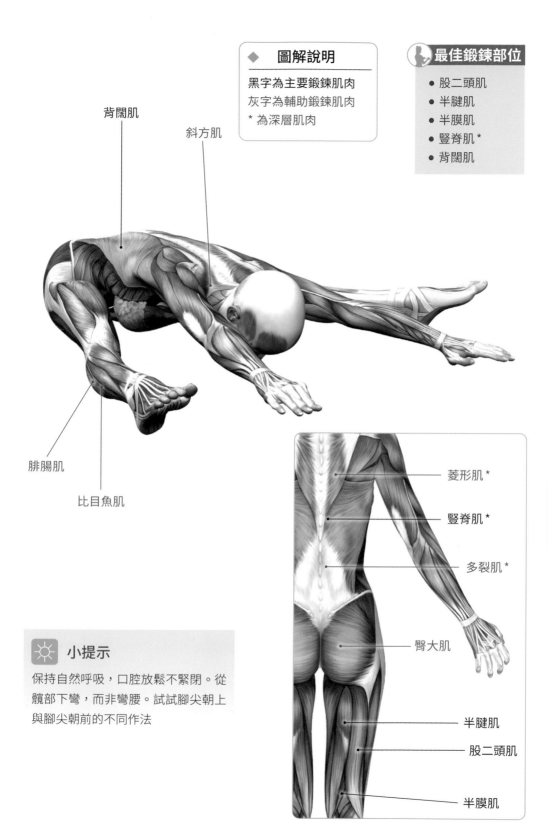

背閣肌

斜方肌

最佳鍛鍊部位

- 股二頭肌
- 半腱肌
- 半膜肌
- 豎脊肌 *
- 背閣肌

腓腸肌

比目魚肌

菱形肌 *

豎脊肌 *

多裂肌 *

臀大肌

半腱肌

股二頭肌

半膜肌

☼ 小提示

保持自然呼吸，口腔放鬆不緊閉。從
髖部下彎，而非彎腰。試試腳尖朝上
與腳尖朝前的不同作法

第6章 拉筋伸展訓練

單臂側彎

示範影片

❶ 採站姿，雙腳打開略比肩寬，雙手自然垂放於身體兩側。

❷ 右臂伸直向上高舉，左手貼住大腿。

❸ 右臂朝向左側，上半身亦隨之側彎，感受肩部和後背的伸展。

鍛鍊目標
● 背部
● 核心
使用器材
● 徒手
級別
● 初級
呼吸提示
● 全程均勻呼吸
益處
● 提升肩部和背部的柔韌性
注意 ⚠
● 肩背若感不適，暫不建議做此訓練

❹ 緩緩回復站姿。

❺ 右臂收回放在體側，重複完成指定的次數，對側亦然。

● 避免
身體前後傾斜
肚子前凸

● 正確做法
拉伸背部和側邊
核心收緊

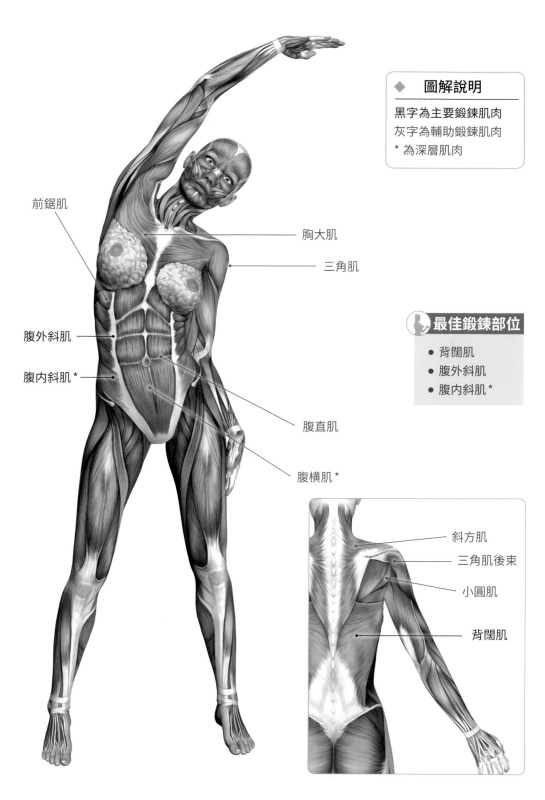

前鋸肌

胸大肌

三角肌

腹外斜肌

腹內斜肌 *

腹直肌

腹橫肌 *

◆ 圖解說明

黑字為主要鍛鍊肌肉

灰字為輔助鍛鍊肌肉

* 為深層肌肉

最佳鍛鍊部位

● 背闊肌
● 腹外斜肌
● 腹內斜肌 *

斜方肌

三角肌後束

小圓肌

背闊肌

坐姿4字前彎

❶ 採坐姿，右腿向前伸直，左腿屈膝並將腳靠於右大腿上，腿部呈4字形。雙手扶在兩側地面，背部挺直。

鍛鍊目標
- 臀部
- 背部
- 腿部

使用器材
- 徒手

級別
- 初級

呼吸提示
- 全程均勻呼吸

益處
- 拉伸腿後肌和臀部肌肉

注意 ⚠
- 下背有傷未癒，暫不建議做此訓練

- **避免**
  弓背，彎腰

- **正確做法**
  從髖部前彎
  背部保持平直

❷ 胸部朝雙腿方向移動，感受腿後肌與臀部肌肉的拉伸。保持姿勢至指定時間，對側亦然。

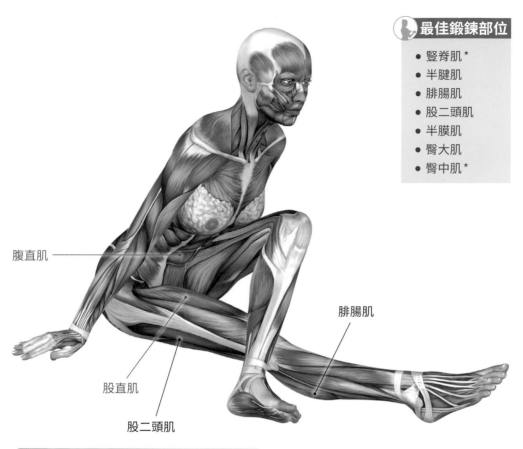

最佳鍛鍊部位

- 豎脊肌 *
- 半腱肌
- 腓腸肌
- 股二頭肌
- 半膜肌
- 臀大肌
- 臀中肌 *

腹直肌

腓腸肌

股直肌

股二頭肌

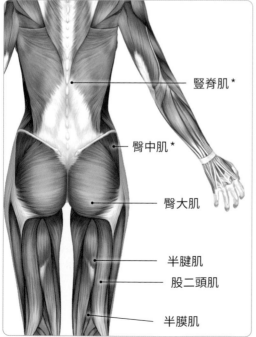

豎脊肌 *

臀中肌 *

臀大肌

半腱肌

股二頭肌

半膜肌

◆ 圖解說明

黑字為主要鍛鍊肌肉
灰字為輔助鍛鍊肌肉
* 為深層肌肉

第6章

拉筋伸展訓練

☼ 小提示

上身保持平直，勿弓背，也不要
扭轉脊柱。

仰臥單腿屈膝扭轉

示範影片

① 呈仰臥姿，平躺在瑜伽墊上。雙腿伸直，雙臂平放於身體兩側。

② 抬起右側腿，使小腿與地面平行。

鍛鍊目標
- 臀部
- 核心

使用器材
- 瑜伽墊

級別
- 中級

呼吸提示
- 全程均勻呼吸

益處
- 拉伸臀與腹側肌肉
- 拉伸下背肌肉

注意 ⚠
- 下背若感不適，暫不建議做此訓練

- **避免**
雙臂與頭部抬離地面

- **正確做法**
感受腹側與臀部肌肉的拉伸

③ 右腿向左側扭轉，感受腰背以及臀部得到拉伸，手扶右膝，盡可能使右膝靠近地面。保持姿勢至指定時間，對側亦然。

最佳鍛鍊部位

- 臀大肌
- 股方肌 *
- 梨狀肌 *
- 腹外斜肌
- 腹內斜肌 *

◆ **圖解說明**

黑字為主要鍛鍊肌肉
灰字為輔助鍛鍊肌肉
* 為深層肌肉

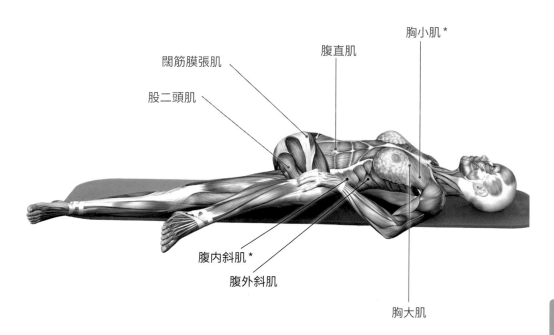

胸小肌 *

腹直肌

闊筋膜張肌

股二頭肌

腹內斜肌 *

腹外斜肌

胸大肌

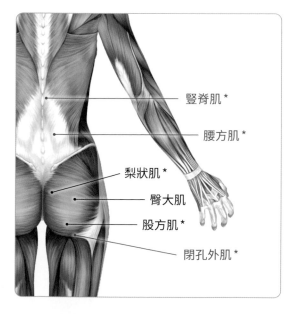

豎脊肌 *

腰方肌 *

梨狀肌 *

臀大肌

股方肌 *

閉孔外肌 *

☼ **小提示**

手掌可稍微施力將膝蓋下壓，
以增加拉伸的力度。

仰臥雙腿抱胸

示範影片

鍛鍊目標
● 臀部
● 背部
● 大腿
使用器材
● 徒手
級別
● 初級
呼吸提示
● 全程均勻呼吸
益處
● 有助於拉伸下背部 　與臀部
注意 ⚠
● 背部若感疼痛，暫 　不建議做此訓練

> ● 避免
>
> 抱胸時，身體前後滾動或
> 左右搖晃

> ● 正確做法
>
> 抱胸時，手肘夾緊大腿
> 雙腿併攏

❶ 呈仰臥姿，面部朝上，彎曲雙膝，
　雙臂平放身體兩側。

❷ 雙手抱住膝蓋，將大腿拉向胸部。下巴內收並最大程度地
　讓肩膀從地面抬起，感受下背與臀部肌肉的拉伸。保持姿
　勢穩定至指定時間。

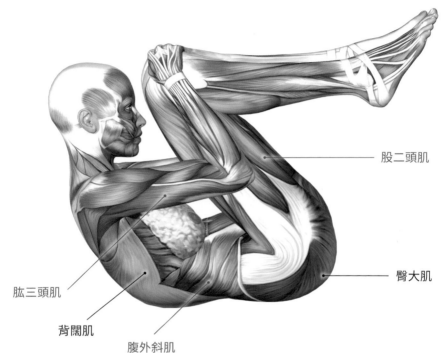

最佳鍛鍊部位

- 豎脊肌 *
- 背闊肌
- 臀大肌

◆ 圖解說明

黑字為主要鍛鍊肌肉

灰字為輔助鍛鍊肌肉

* 為深層肌肉

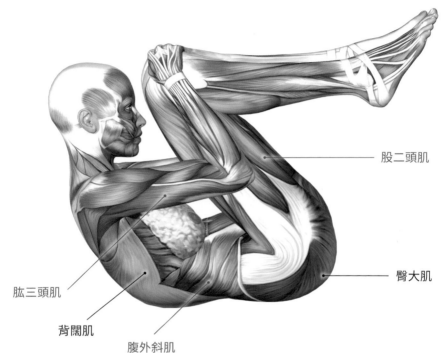

股二頭肌

臀大肌

肱三頭肌

背闊肌

腹外斜肌

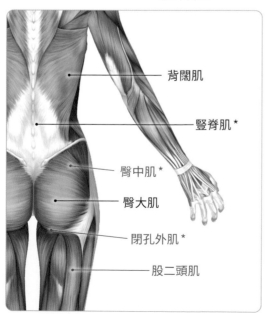

背闊肌

豎脊肌 *

臀中肌 *

臀大肌

閉孔外肌 *

股二頭肌

☼ 小提示

抱胸時盡量屈髖，手臂出力將膝蓋盡量拉向頭部，而非用力伸頸靠向膝蓋。

第6章 拉筋伸展訓練

297

仰臥4字伸展

示範影片

① 呈仰臥姿，雙腿彎曲，右腳放於左大腿上方，腿部整體呈4字形，雙臂伸直平放地面。

② 雙手握住左大腿後側往胸部方向拉，感受下背與臀部的拉伸。

鍛鍊目標
- 臀部

使用器材
- 徒手

級別
- 初級

呼吸提示
- 全程均勻呼吸

益處
- 緩解臀部與下背的緊繃狀態

注意 ⚠
- 下背與膝蓋若感不適，暫不建議做此訓練

- **避免**
  頭部與上半身抬離地面
  頸部過度後仰

- **正確做法**
  臀部放鬆
  雙臂手肘內收

③ 保持姿勢至指定的時間，對側亦然。

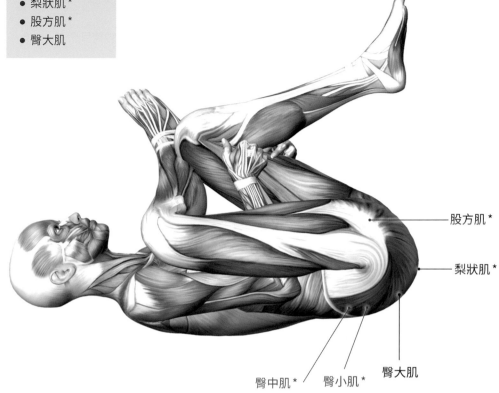

最佳鍛鍊部位

- 梨狀肌 *
- 股方肌 *
- 臀大肌

股方肌 *

梨狀肌 *

臀中肌 *　臀小肌 *　臀大肌

◆ **圖解說明**

黑字為主要鍛鍊肌肉
灰字為輔助鍛鍊肌肉
* 為深層肌肉

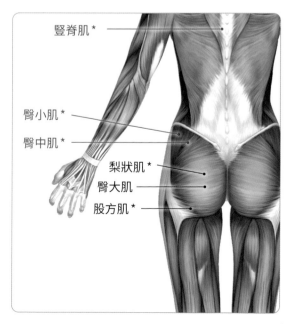

豎脊肌 *

臀小肌 *
臀中肌 *

梨狀肌 *
臀大肌
股方肌 *

☀ **小提示**

抬起時收腹，將大腿緩緩拉向胸部，
不要猛然拉扯。上半身與頭部皆維持
在地上。

第6章

拉筋伸展訓練

蝴蝶式

示範影片

❶呈坐姿，背部挺直，雙腿屈膝，腳掌相對靠攏。雙手握住踝關節上方，前臂可靠在大腿膝蓋內側。

❷保持背部挺直，屈髖緩緩前傾，感受大腿內側的拉伸。

鍛鍊目標
● 大腿
使用器材
● 徒手
級別
● 初級
呼吸提示
● 全程均勻呼吸
益處
● 拉伸大腿內側肌肉
● 緩解下肢緊繃
注意 ⚠
● 髖部若感不適，暫不建議做此訓練

❸回復至起始姿勢，重複完成指定的次數。

● **避免**
背部彎曲
身體前後搖擺
雙腿上下快速彈震

● **正確做法**
背部始終保持挺直
由髖部前傾而非腰部

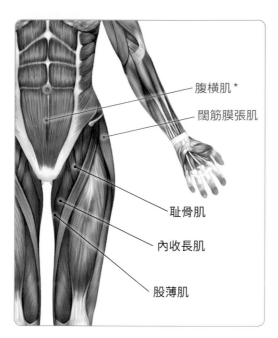

腹橫肌 *

闊筋膜張肌

恥骨肌

內收長肌

股薄肌

☀ 小提示

上半身向前傾，直至腹股溝與大腿內側上方有拉伸感。

◆ 圖解說明

黑字為主要鍛鍊肌肉
灰字為輔助鍛鍊肌肉
* 為深層肌肉

最佳鍛鍊部位

- 內收長肌
- 股薄肌
- 恥骨肌 *

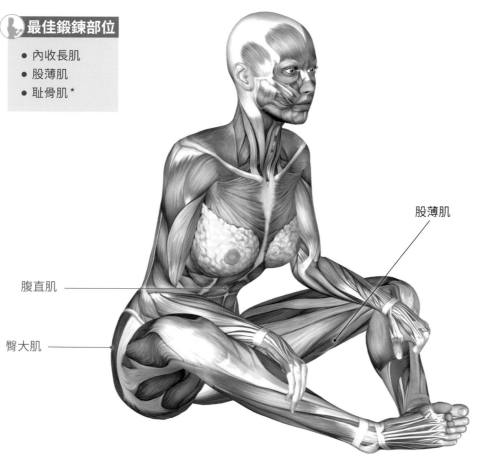

股薄肌

腹直肌

臀大肌

跪姿屈髖伸展

示範影片

❶ 呈跪姿，上身挺直，目視前方，雙臂垂放於身體兩側。

❷ 左腿向前邁步，左腳撐地，屈膝約呈90度角，雙手叉腰或放在膝蓋上皆可。

鍛鍊目標
- 大腿
- 臀部
- 小腿

使用器材
- 瑜伽墊

級別
- 中級

呼吸提示
- 全程均勻呼吸

益處
- 拉伸大腿與髖部前側

注意 ⚠
- 膝關節若感不適，暫不建議做此訓練

● 避免
膝關節伸展幅度過大
骨盆轉向側邊

● 正確做法
軀幹保持中立位，核心收緊
後腿盡量延伸

❸ 保持身體穩定，重心前移，臀部肌肉收緊前推，使後大腿得到拉伸。保持姿勢至指定時間，對側亦然。

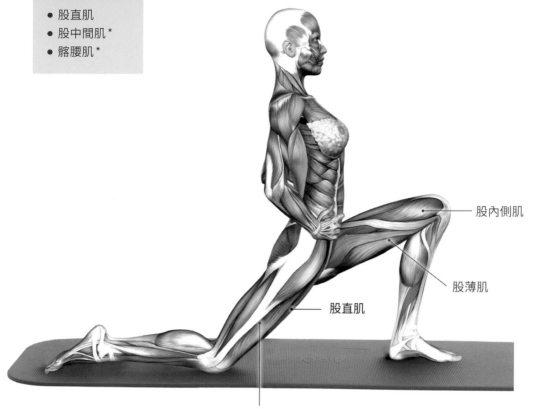

股內側肌

股薄肌

股直肌

股外側肌

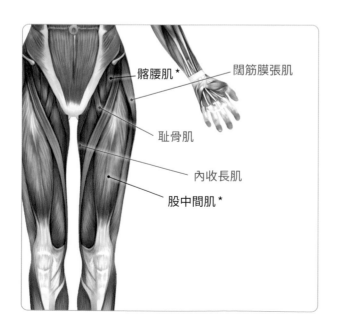

髂腰肌 *

闊筋膜張肌

恥骨肌

內收長肌

股中間肌 *

第 6 章　拉筋伸展訓練

◆　圖解說明

黑字為主要鍛鍊肌肉

灰字為輔助鍛鍊肌肉

* 為深層肌肉

前屈式

示範影片

❶ 採站姿，雙腿併攏，雙臂垂放於身體兩側。

❸ 俯身前彎，讓頭最大程度地靠近膝蓋，能力所及可將雙手放在瑜伽墊上，感受大腿後側肌肉的拉伸。保持姿勢至指定時間。若大腿實在無法伸直也沒關係。

❷ 雙臂伸直向上舉高，掌心朝前。

● 避免

腳跟離地

● 正確做法

雙腳平踩瑜伽墊
頸肩肌肉放鬆

鍛鍊目標
● 大腿
使用器材
● 瑜伽墊
級別
● 初級
呼吸提示
● 全程均勻呼吸
益處
● 拉伸大腿後側肌肉
注意　⚠
● 頸部或腰背若感不適，暫不建議做此訓練

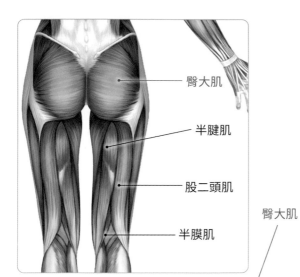

臀大肌

半腱肌

股二頭肌

半膜肌

◆　圖解說明

黑字為主要鍛錬肌肉
灰字為輔助鍛錬肌肉
＊為深層肌肉

最佳鍛錬部位

● 股二頭肌
● 半腱肌
● 半膜肌

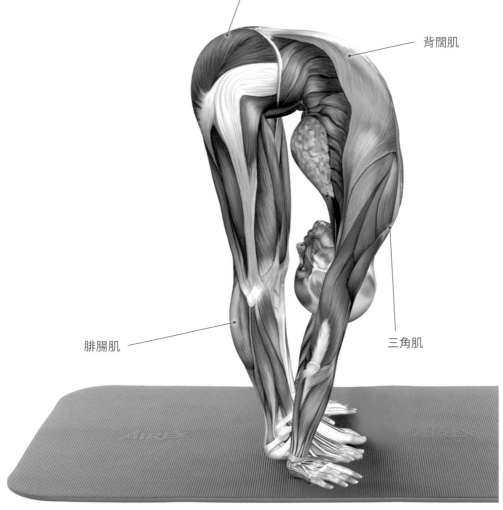

臀大肌

背闊肌

腓腸肌

三角肌

第6章　拉筋伸展訓練

仰臥腿後肌伸展

示範影片

① 呈仰臥姿，身體平躺於瑜伽墊上，雙臂伸直放在身體兩側。

② 左腿伸直，右腿屈膝提起至90度角。雙手環抱右大腿後側。

鍛鍊目標
- 大腿

使用器材
- 瑜伽墊

級別
- 初級

呼吸提示
- 全程均勻呼吸，同時跟隨呼吸的節奏加深拉伸幅度

益處
- 拉伸腿後肌

注意
- 髖部或膝關節若感不適，暫不建議做此訓練

- **避免**

頸部後仰

肩部上聳

- **正確做法**

拉伸時下腿不離地

避免對側代償

③ 右腿伸直向上，雙手將上抬腿朝胸部方向拉，感受腿部肌肉的拉伸，保持姿勢至指定的時間，對側亦然。

最佳鍛鍊部位

- 半腱肌
- 半膜肌
- 股二頭肌

◆ 圖解說明

黑字為主要鍛鍊肌肉
灰字為輔助鍛鍊肌肉
* 為深層肌肉

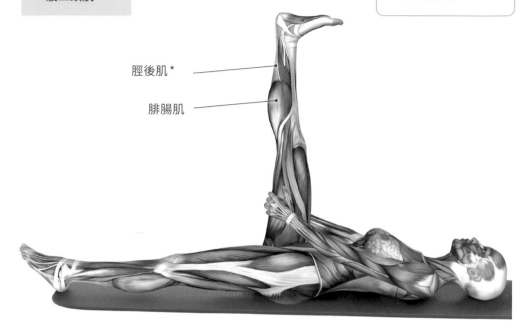

脛後肌 *

腓腸肌

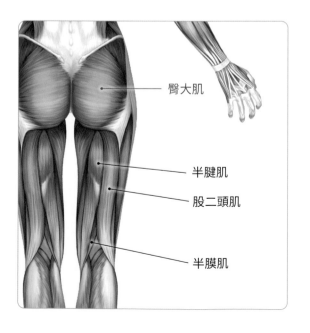

臀大肌

半腱肌

股二頭肌

半膜肌

☀ 小提示

下側腿盡量不要抬起,頸部也不要後仰,以免增加頸部壓力。

第6章

拉筋伸展訓練

坐姿彈力帶腿後肌伸展

示範影片

❶ 呈坐姿，背部挺直，雙腿併攏向前伸直。將彈力帶繞過雙腳腳掌，雙手握緊彈力帶兩端。雙臂伸直，保持彈力帶繃直。

鍛鍊目標
● 腿部

使用器材
● 彈力帶、瑜伽墊

級別
● 初級

呼吸提示
● 全程均勻呼吸

益處
● 拉伸腿後肌並伸展脊柱

注意
● 下背若感不適，暫不建議做此訓練

● **避免**
彎腰弓背
腳尖下壓

❷ 保持雙腿伸直，上身前傾，雙臂屈肘往後拉彈力帶使腳尖朝上，增加腿後肌的伸展強度。保持姿勢至指定時間。

● **正確做法**
背部始終挺直
由髖部前傾
核心收緊
膝關節保持伸直

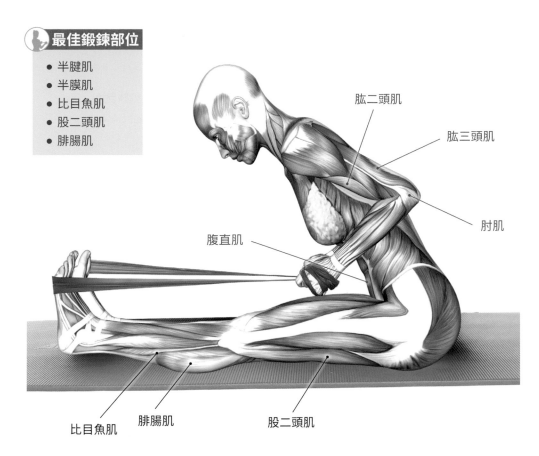

- 半腱肌
- 半膜肌
- 比目魚肌
- 股二頭肌
- 腓腸肌

肱二頭肌

肱三頭肌

肘肌

腹直肌

比目魚肌   腓腸肌   股二頭肌

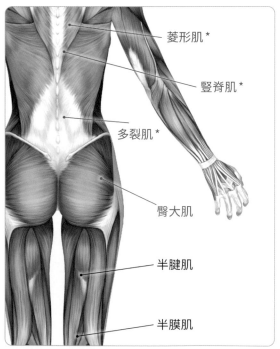

菱形肌 *

豎脊肌 *

多裂肌 *

臀大肌

半腱肌

半膜肌

◆ **圖解說明**

黑字為主要鍛鍊肌肉
灰字為輔助鍛鍊肌肉
* 為深層肌肉

☀ **小提示**

拉動彈力帶的過程中，雙臂始終
貼近軀幹，不要向外張開。

跪姿股四頭肌伸展

示範影片

鍛鍊目標
- 大腿

使用器材
- 瑜伽墊

級別
- 中級

呼吸提示
- 全程均勻呼吸

益處
- 伸展髖部與大腿前側肌肉

注意 ⚠
- 膝關節或背部若感不適，暫不建議做此訓練

- **避免**

上身產生偏轉
身體重心不穩定而搖晃

- **正確做法**

專注在股四頭肌的拉伸
核心收緊，軀幹保持穩定

---

❶ 採四足跪姿，雙臂伸直，手掌位於肩部正下方，背部挺直。

❷ 保持身體穩定，右手向後握住右腳腳踝，將右腳跟拉向臀部，保持姿勢至指定的時間，對側亦然。

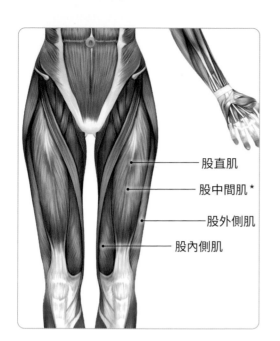

最佳鍛鍊部位
- 股中間肌 *
- 股直肌
- 股外側肌
- 股內側肌

股直肌

股中間肌 *

股外側肌

股內側肌

◆ **圖解說明**

黑字為主要鍛鍊肌肉
灰字為輔助鍛鍊肌肉
* 為深層肌肉

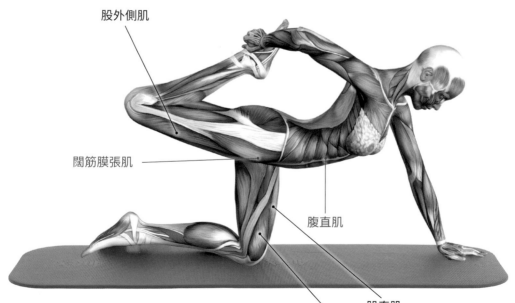

股外側肌

闊筋膜張肌

腹直肌

股內側肌

股直肌

坐姿體前屈

示範影片

❶ 呈坐姿，背部挺直，雙腿併攏前伸，雙手置於膝蓋上。

鍛鍊目標
- 大腿
- 小腿
- 背部

使用器材
- 瑜伽墊

級別
- 初級

呼吸提示
- 全程均勻呼吸

益處
- 充分伸展腿後肌與背部

注意 ⚠
- 膝關節或下背若感不適，暫不建議做此訓練

● 避免

彎腰弓背
膝關節彎曲

● 正確做法

由髖部前傾，不是彎腰
背部挺直

❷ 保持雙腿伸直，屈髖前傾，雙手嘗試觸碰腳尖，保持姿勢至指定的時間。

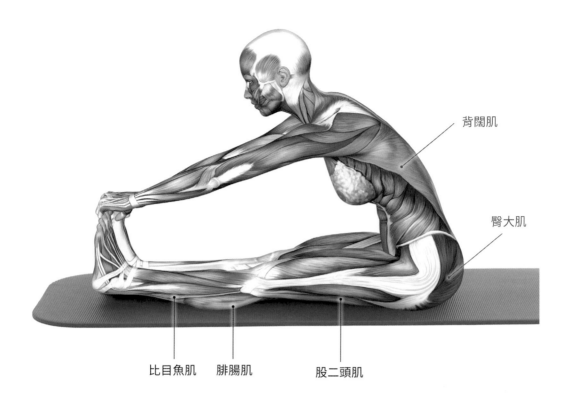

背闊肌

臀大肌

比目魚肌　　腓腸肌　　股二頭肌

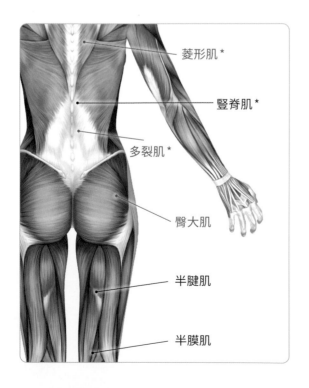

菱形肌 *

豎脊肌 *

多裂肌 *

臀大肌

半腱肌

半膜肌

◆　　**圖解說明**

黑字為主要鍛鍊肌肉
灰字為輔助鍛鍊肌肉
* 為深層肌肉

最佳鍛鍊部位

- 比目魚肌
- 股二頭肌
- 半腱肌
- 半膜肌
- 豎脊肌 *
- 腓腸肌

滾筒小腿放鬆

示範影片

<table>
<tr><td>

● 避免

膝蓋彎曲
手肘彎曲
肩部上聳

</td><td>

● 正確做法

雙腿疊放，滾壓小腿後側肌肉
臀部抬高後，用小腿前後滾動
滾筒

</td></tr>
</table>

鍛鍊目標
● 小腿
使用器材
● 泡棉滾筒、瑜伽墊
級別
● 中級
呼吸提示
● 全程均勻呼吸
益處
● 放鬆小腿後側肌肉
注意 ⚠
● 手腕、肩部或膝蓋若
  感不適，暫不建議做
  此訓練

❶將泡棉滾筒放在瑜伽墊上，雙臂向後
支撐身體，臀部抬起，將左小腿肚壓
在滾筒上，右小腿再疊放在左小腿上。

❷身體前後移動，使滾筒在小腿肚來回滾動。
重複完成指定的時間，對側亦然。

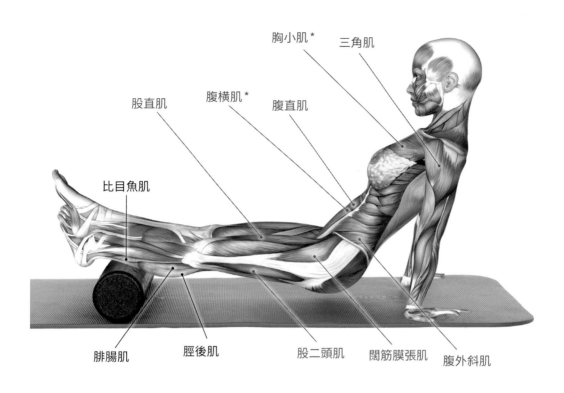

胸小肌 *

三角肌

股直肌

腹橫肌 *

腹直肌

比目魚肌

腓腸肌

脛後肌

股二頭肌

闊筋膜張肌

腹外斜肌

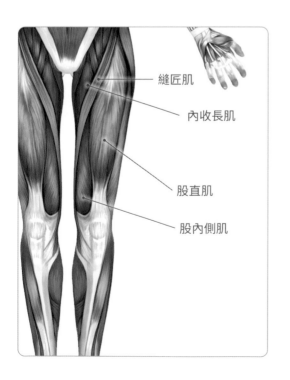

縫匠肌

內收長肌

股直肌

股內側肌

◆ **圖解說明**

黑字為主要鍛鍊肌肉
灰字為輔助鍛鍊肌肉
* 為深層肌肉

**最佳鍛鍊部位**

● 腓腸肌
● 脛後肌
● 比目魚肌

前彎觸腳趾

示範影片

❶ 呈站姿，雙腳併攏，雙手自然垂放於身體兩側，目視前方。

● 避免

用上下震盪的慣性去碰腳
彎腰弓背

● 正確做法

膝關節伸直或微彎
由髖部下彎，不是腰部
動作緩慢，勿快速前彎與拉回

❷ 由髖部開始前彎，胸部向下貼近腿部，雙臂伸直，以雙手觸摸腳尖。稍作停頓，緩緩回復至起始姿勢。重複完成指定的次數。

鍛鍊目標
● 背部
● 臀部
● 大腿
● 小腿

使用器材
● 徒手

級別
● 初級

呼吸提示 ◑
● 全程均勻呼吸

益處
● 拉伸脊柱與腿後肌

注意 ⚠
● 下背若感不適，暫不建議做此訓練

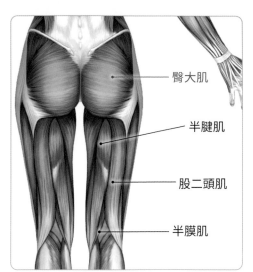

臀大肌

半腱肌

股二頭肌

半膜肌

最佳鍛鍊部位

- 背闊肌
- 股二頭肌
- 腓腸肌
- 比目魚肌
- 半腱肌
- 半膜肌

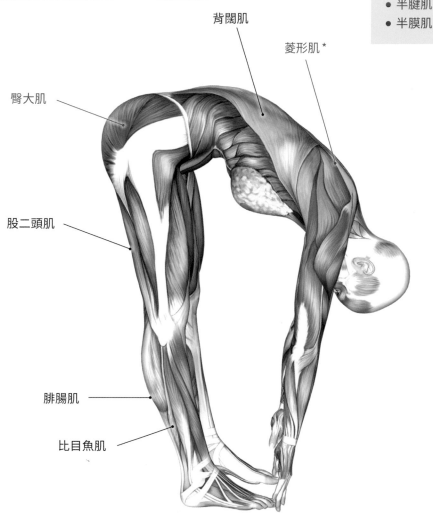

背闊肌

菱形肌 *

臀大肌

股二頭肌

腓腸肌

比目魚肌

第6章　拉筋伸展訓練

07

CHAPTER SEVEN

第7章
訓練方案

運動專項訓練方案

羽球

序號	頁碼	階段	動作名稱	組數	反覆次數 (持續時間)	間歇時間
1	142	熱身	平板支撐	1組	**60**秒	無間歇
2	144		側平板支撐		**45**秒 (左右)	
3	206		BOSU 球橋式		**10**次	
4	138		俯臥 YTW 伸展		**10**次	
5	202	主體訓練	啞鈴弓步深蹲	4 個動作 為 1 組； 共 **4** 組	**15**次 (左右)	動作間無間歇； 組間間歇 60 秒
6	244		啞鈴舉踵		**15**次	
7	56		肱三頭肌過頭屈伸		**20**次	
8	192		過頂砸球		**10**次	

序號	頁碼	階段	動作名稱	組數	反覆次數 (持續時間)	間歇時間
9	258		 肱三頭肌伸展		**30**秒 （左右）	
10	310	緩和	 跪姿股四頭肌伸展	**1**組	**30**秒 （左右）	無間歇
11	312		 坐姿體前屈		**30**秒	
12	268		 眼鏡蛇式		**30**秒	

籃球

序號	頁碼	階段	動作名稱	組數	反覆次數 (持續時間)	間歇時間
1	142		 平板支撐		**60**秒	
2	144	熱身	 側平板支撐	**1**組	**45**秒 （左右）	無間歇
3	206		 BOSU 球橋式		**10**次	
4	138		 俯臥 YTW 伸展		**10**次	

5	200		槓鈴深蹲	2 個動作為 1 組；共 **4** 組	**8** 次	動作間無間歇；組間間歇 60 秒
6	30		槓鈴划船		**12** 次	
7	114	主體訓練	槓鈴硬舉	2 個動作為 1 組；共 **4** 組	**8** 次	動作間無間歇；組間間歇 60 秒
8	90		啞鈴上斜推舉		**12** 次	
9	302		跪姿屈髖伸展		**30** 秒（左右）	
10	276	緩和	抗力球背部伸展	**1** 組	**30** 秒（左右）	無間歇
11	306		仰臥腿後肌伸展		**30** 秒（左右）	
12	264		擴胸伸展		**30** 秒	

足球

序號	頁碼	階段	動作名稱	組數	反覆次數 (持續時間)	間歇時間
1	142	熱身	平板支撐	**1**組	**60**秒	無間歇
2	144		側平板支撐		**45**秒 (左右)	
3	216		貝殼練習		**8**次 (左右)	
4	224		屈髖外擺		**10**次 (左右)	
5	210	主體訓練	保加利亞分腿蹲	4個動作 為1組； 共**4**組	**20**次 (左右)	動作間無間歇； 組間間歇60秒
6	172		登山者		**15**秒	
7	246		俯臥單腿彎舉		**20**次 (左右)	
8	176		夾球轉髖		**10**次 (左右)	

9	298		 仰臥 4 字伸展		30 秒 （左右）	
10	310	緩和	 跪姿股四頭肌伸展	1 組	30 秒 （左右）	無間歇
11	306		 仰臥腿後肌伸展		30 秒 （左右）	
12	268		 眼鏡蛇式		30 秒	

網球

序號	頁碼	階段	動作名稱	組數	反覆次數 （持續時間）	間歇時間
1	142		 平板支撐		60 秒	
2	144	熱身	 側平板支撐	1 組	45 秒 （左右）	無間歇
3	206		 BOSU 球橋式		10 次	
4	138		 俯臥 YTW 伸展		10 次	

5	230		側弓步		15次 （左右）	
6	88	主體訓練	滑輪夾胸	4個動作 為1組； 共4組	12次	動作間無間歇； 組間間歇60秒
7	192		過頂砸球		10次	
8	158		俄羅斯轉體		30次	
9	264		擴胸伸展		30秒	
10	310	緩和	跪姿股四頭肌伸展	1組	30秒 （左右）	無間歇
11	300		蝴蝶式		30秒	
12	274		俯臥扭轉		30秒 （左右）	

第7章

訓練方案

排球

序號	頁碼	階段	動作名稱	組數	反覆次數 （持續時間）	間歇時間
1	142	熱身	平板支撐	1組	**60**秒	無間歇
2	144		側平板支撐		**45**秒 （左右）	
3	206		BOSU 球橋式		**10**次	
4	138		俯臥 YTW 伸展		**10**次	
5	204	主體訓練	壺鈴深蹲	4個動作 為1組； 共**4**組	**10**次	動作間無間歇； 組間間歇 60 秒
6	214		深蹲跳		**6**次	
7	110		滑輪直臂下拉		**8**次	
8	178		仰臥夾球兩頭起		**10**次	

9	302		跪姿屈髖伸展		30秒 (左右)	
10	276	緩和	抗力球背部伸展	1組	30秒 (左右)	無間歇
11	312		坐姿體前屈		30秒	
12	268		眼鏡蛇式		30秒	

桌球

序號	頁碼	階段	動作名稱	組數	反覆次數 (持續時間)	間歇時間
1	142		平板支撐		60秒	
2	144	熱身	側平板支撐	1組	45秒 (左右)	無間歇
3	216		貝殼練習		8次 (左右)	
4	138		俯臥 YTW 伸展		10次	

5	232		交替側弓步		**15**次 （左右）	
6	92	主體訓練	胸前交替水平推	4 個動作 為 1 組； 共 **4** 組	**15**次 （左右）	動作間無間歇； 組間間歇 60 秒
7	170		雙臂旋轉上拉		**10**次 （左右）	
8	162		抗力球轉肩		**10**次 （左右）	
9	292		坐姿 4 字前彎		**30**秒 （左右）	
10	264	緩和	擴胸伸展	**1** 組	**30**秒	無間歇
11	278		仰臥屈膝扭轉		**30**秒 （左右）	
12	270		抗力球後彎		**30**秒	

高爾夫

序號	頁碼	階段	動作名稱	組數	反覆次數 (持續時間)	間歇時間
1	142	熱身	平板支撐	1組	**60**秒	無間歇
2	144		側平板支撐		**45**秒 (左右)	
3	190		仰臥交替抬腿		**8**次 (左右)	
4	194		壺鈴土耳其起身		**5**次 (左右)	
5	128	主體訓練	啞鈴肩伸	4個動作 為1組； 共**4**組	**15**次 (左右)	動作間無間歇； 組間間歇60秒
6	36		雙臂前平舉		**15**次	
7	170		雙臂旋轉上拉		**10**次 (左右)	
8	158		俄羅斯轉體		**30**次	

序號	頁碼	階段	動作名稱	組數	反覆次數 (持續時間)	間歇時間
9	276	緩和	抗力球背部伸展	1 組	**30** 秒 （左右）	無間歇
10	294		仰臥單腿屈膝扭轉		**30** 秒 （左右）	
11	274		俯臥扭轉		**30** 秒 （左右）	
12	268		眼鏡蛇式		**30** 秒	

自行車

序號	頁碼	階段	動作名稱	組數	反覆次數 (持續時間)	間歇時間
1	142	熱身	平板支撐	1 組	**60** 秒	無間歇
2	144		側平板支撐		**45** 秒 （左右）	
3	206		BOSU 球橋式		**10** 次	
4	234		側向交叉步		**8** 次	

5	240	主體訓練	 後腿抬高弓步蹲	4 個動作 為 1 組； 共 **4** 組	**20** 次 （左右）	動作間無間歇； 組間間歇 60 秒
6	186		 單車式捲腹		**30** 次	
7	248		 俯臥雙腿彎舉		**20** 次	
8	172		 登山者		**30** 秒	
9	306	緩和	 仰臥腿後肌伸展	**1** 組	**30** 秒 （左右）	無間歇
10	310		 跪姿股四頭肌伸展		**30** 秒 （左右）	
11	302		 跪姿屈髖伸展		**30** 秒 （左右）	
12	268		 眼鏡蛇式		**30** 秒	

柔道

序號	頁碼	階段	動作名稱	組數	反覆次數 (持續時間)	間歇時間
1	142	熱身	平板支撐	1組	**60**秒	無間歇
2	144		側平板支撐		**45**秒 (左右)	
3	206		BOSU 球橋式		**10**次	
4	194		壺鈴土耳其起身		**5**次 (左右)	
5	208	主體訓練	啞鈴相撲深蹲	2 個動作 為 1 組； 共 **4** 組	**12**次 (左右)	動作間無間歇； 組間間歇 60 秒
6	30		槓鈴划船		**10**次	
7	114		槓鈴硬舉	2 個動作 為 1 組； 共 **4** 組	**12**次	動作間無間歇； 組間間歇 60 秒
8	86		槓鈴臥推		**10**次	

序號	頁碼	階段	動作名稱	組數	反覆次數 （持續時間）	間歇時間
9	302	緩和	跪姿屈髖伸展	1 組	**30**秒 （左右）	無間歇
10	276		抗力球背部伸展		**30**秒 （左右）	
11	306		仰臥腿後肌伸展		**30**秒 （左右）	
12	264		擴胸伸展		**30**秒	

慢跑 / 健行

序號	頁碼	階段	動作名稱	組數	反覆次數 （持續時間）	間歇時間
1	142	熱身	平板支撐	1 組	**60**秒	無間歇
2	144		側平板支撐		**45**秒 （左右）	
3	206		BOSU 球橋式		**8**次	
4	218		蚌式支撐		**10**次 （左右）	

5	198		靠牆深蹲		**30**次	
6	160		抗力球前推	4 個動作為 1 組；共 **4** 組	**10**次	動作間無間歇；組間間歇 60 秒
7	220	主體訓練	啞鈴直腿硬舉		**20**次	
8	168		仰臥交叉提膝		**10**次（左右）	
9	308		坐姿彈力帶腿後肌伸展		**30**秒	
10	310	緩和	跪姿股四頭肌伸展	**1**組	**30**秒（左右）	無間歇
11	296		仰臥雙腿抱胸		**30**秒	
12	268		眼鏡蛇式		**30**秒	

游泳

序號	頁碼	階段	動作名稱	組數	反覆次數 (持續時間)	間歇時間
1	142	熱身	平板支撐	1 組	60 秒	無間歇
2	144		側平板支撐		45 秒 (左右)	
3	70		肩胛骨運動		8 次	
4	62		肩外旋		10 次 (左右)	
5	112	主體訓練	引體向上	4 個動作 為 1 組； 共 4 組	20 次	動作間無間歇； 組間間歇 60 秒
6	214		深蹲跳		8 次	
7	50		雙槓撐體		20 次	
8	180		直腿仰臥舉腿		10 次	

9	276		抗力球背部伸展		30秒 (左右)	
10	264	緩和	擴胸伸展	1組	30秒	無間歇
11	310		跪姿股四頭肌伸展		30秒 (左右)	
12	268		眼鏡蛇式		30秒	

肌肉部位與功能訓練方案

手臂

序號	頁碼	階段	動作名稱	組數	反覆次數 （持續時間）	間歇時間
1	38		雙臂彎舉	2 個動作 為 1 組； 共 **4** 組	**12** 次	動作間無間歇； 組間間歇 60 秒
2	54		椅子撐體		**12** 次	
3	42	主體訓練	雙臂錘式彎舉	2 個動作 為 1 組； 共 **3** 組	**10** 次	動作間無間歇； 組間間歇 60 秒
4	58		滑輪肱三頭肌下拉		**10** 次	
5	40		雙臂反向彎舉	2 個動作 為 1 組； 共 **2** 組	**15** 次	動作間無間歇； 組間間歇 60 秒
6	52		抗力球肱三頭肌伸展		**15** 次	

序號	頁碼	階段	動作名稱	組數	反覆次數（持續時間）	間歇時間
7	258	緩和	肱三頭肌伸展	1 組	30 秒（左右）	無間歇
8	260		胸肩與肱二頭肌伸展		30 秒	

背部

序號	頁碼	階段	動作名稱	組數	反覆次數（持續時間）	間歇時間
1	112	主體訓練	引體向上	2 個動作為 1 組；共 4 組	10 次	動作間無間歇；組間間歇 60 秒
2	136		俯臥兩頭起		10 次	
3	120		啞鈴單臂划船	2 個動作為 1 組；共 3 組	15 次（左右）	動作間無間歇；組間間歇 60 秒
4	122		坐姿俯身側平舉		15 次	

序號	頁碼	階段	動作名稱	組數	反覆次數（持續時間）	間歇時間
5	276	緩和	抗力球背部伸展	1 組	30 秒（左右）	無間歇
6	280		下背滾動		30 秒	
7	256		站姿三角肌後束拉伸		30 秒（左右）	

胸部

序號	頁碼	階段	動作名稱	組數	反覆次數（持續時間）	間歇時間
1	86	主體訓練	槓鈴臥推	2 個動作為 1 組；共 4 組	8 次	動作間無間歇；組間間歇 90 秒
2	106		伏地挺身 - 推起離地		6 次	
3	74		啞鈴飛鳥	2 個動作為 1 組；共 3 組	15 次	動作間無間歇；組間間歇 60 秒
4	98		滑輪下斜夾胸		15 次	

5	264		擴胸伸展		**30**秒	
6	258	緩和	肱三頭肌伸展	**1**組	**30**秒（左右）	無間歇
7	266		跪姿背部伸展		**30**秒	

肩部

序號	頁碼	階段	動作名稱	組數	反覆次數（持續時間）	間歇時間
1	66		彈力帶肩推		**12**次	
2	34		前側平舉		**10**次（左右）	
3	62	主體訓練	肩外旋	5 個動作為 1 組；共 **3** 組	**15**次（左右）	動作間間歇 15 秒；組間間歇 60 秒
4	70		肩胛骨運動		**15**次	
5	78		抗力球側平舉		**12**次	

序號	頁碼	階段	動作名稱	組數	反覆次數 (持續時間)	間歇時間
6	68		反向平板		**30**秒	
7	256	緩和	站姿三角肌後束拉伸	**1**組	**30**秒 （左右）	無間歇
8	266		跪姿背部伸展		**30**秒	

臀部

序號	頁碼	階段	動作名稱	組數	反覆次數 (持續時間)	間歇時間
1	206		BOSU 球橋式	2 個動作 為 1 組； 共 **4** 組	**8**次	動作間無間歇； 組間間歇 60 秒
2	212	主體訓練	寬腿深蹲		**15**次	
3	218		蚌式支撐	2 個動作 為 1 組； 共 **4** 組	**8**次 （左右）	動作間無間歇； 組間間歇 60 秒
4	220		啞鈴直腿硬舉		**15**次	

第
7
章

訓練方案

5	298	緩和	仰臥 4 字伸展		30 秒（左右）	
6	294		仰臥單腿屈膝扭轉	1 組	30 秒（左右）	無間歇
7	284		坐姿臀部扭轉		30 秒（左右）	

腿部

序號	頁碼	階段	動作名稱	組數	反覆次數（持續時間）	間歇時間
1	200	主體訓練與伸展結合	槓鈴深蹲	2 個動作為 1 組；共 4 組	12 次	動作間無間歇；組間間歇 60 秒
2	302		跪姿屈髖伸展		5 次（左右）	
3	114		槓鈴硬舉	2 個動作為 1 組；共 4 組	12 次	動作間無間歇；組間間歇 60 秒
4	306		仰臥腿後肌伸展		5 次（左右）	
5	244		啞鈴舉踵	2 個動作為 1 組；共 3 組	15 次	動作間無間歇；組間間歇 60 秒
6	312		坐姿體前屈		5 次	

第 7 章

訓練方案

| 7 | 248 | 主體訓練與伸展結合 | 俯臥雙腿彎舉 | 2個動作為1組；共 **2** 組 | **10** 次 | 動作間無間歇；組間間歇 60 秒 |
| 8 | 308 | | 坐姿彈力帶後肌伸展 | | **5** 次 | |

核心部位

序號	頁碼	動作名稱	反覆次數（持續時間）	組數	間歇時間
1	142	平板支撐	**30** 秒	8個動作為1組；共 **2~3** 組	動作間歇 15 秒；組間間歇 60 秒
2	144	側平板支撐	**30** 秒（左右）		
3	216	貝殼練習	**8** 次（左右）		
4	134	俯臥挺身	**10** 次		
5	154	抗力球捲腹	**15** 次		
6	118	壺鈴前俯交替划船	**8** 次		
7	168	仰臥交叉提膝	**10** 次（左右）		
8	176	夾球轉髖	**20** 次		

全身力量

序號	頁碼	動作名稱	反覆次數 (持續時間)	組數	間歇時間
1	236	伏地挺身 - 蹲跳	**10**次	8 個動作 為 1 組； 共 **3** 組	動作間間歇 30 秒；組間 間歇 60 秒
2	202	啞鈴弓步深蹲	**15**次 (左右)		
3	222	單腿前俯	**12**次 (左右)		
4	82	伏地挺身屈膝	**10**次		
5	72	滑輪下拉	**15**次		
6	244	啞鈴舉踵	**20**次		
7	46	集中彎舉	**20**次 (左右)		
8	150	滑輪跪姿捲腹	**20**次		

間歇訓練

序號	頁碼	動作名稱	反覆次數 (持續時間)	組數	間歇時間
1	236	伏地挺身 - 蹲跳	**15** 秒		
2	192	過頂砸球	**15** 秒		
3	214	深蹲跳	**15** 秒	7 個動作 為 1 組； 共 **2~3** 組	動作間間歇 15 秒；組間 間歇 30 秒
4	172	登山者	**15** 秒		
5	186	單車式捲腹	**15** 秒		
6	108	划船	**15** 秒		
7	226	徒手蹲	**15** 秒		

久坐族健身

序號	頁碼	動作名稱	反覆次數 (持續時間)	組數	間歇時間
1	198	靠牆深蹲	**15**次	7 個動作 為 1 組； 共 **2~3** 組	動作間間歇 15 秒；組間 間歇 60 秒
2	100	伏地挺身	**15**次		
3	138	俯臥 YTW 伸展	**15**次		
4	184	仰臥兩頭起	**15**次		
5	54	椅子撐體	**15**次		
6	136	俯臥兩頭起	**15**次		
7	232	交替側弓步	**10**次 (左右)		

重訓入門 完全手冊
教學影片

重訓入門 完全手冊
教學影片